VINCENZO IAVAZZO

WEB DEVELOPER

Strategie di Programmazione e Sviluppo di Siti Web e Portali E-Commerce

Titolo

"WEB DEVELOPER"

Autore

Vincenzo Iavazzo

Editore

Bruno Editore

Sito internet

www.Autostima.net

Sommario

Introduzione

Carissimo amico, ti ringrazio di esserti interessato a questa guida elettronica per la tua crescita professionale. Attraverso queste pagine scoprirai quanto sia facile diventare un programmatore di successo e un esperto Web Developer, specializzato nella categoria più diffusa degli ultimi tempi, cioè l'e-commerce, utilizzando i più potenti e diffusi strumenti per la creazione di siti dinamici: HTML, Javascript, PHP e MySQL.

In queste pagine scoprirai il meccanismo di funzionamento e come realizzare dalla A alla Z la parte tecnica delle applicazioni automatiche per la gestione di un sito di commercio elettronico. Si tratta di applicazioni che vedi continuamente sui grandi siti web: Bruno Editore, Ebay, Amazon ecc. A partire da oggi stesso, potrai realizzare o trasformare la tua paginetta web in un vero e proprio negozio elettronico.

Se già ti interessi di web marketing, probabilmente conoscerai i programmi di affiliazione e saprai quanto sono semplici ed efficaci. Ma se desideri veramente approfondire il ramo dell'e-commerce, magari mettendoti in proprio o se vuoi davvero evolvere il tuo sito statico in uno "dinamico", con tutti i vantaggi che ne derivano, dovrai conoscere i segreti della programmazione del web.

Partirai innanzitutto dalle basi della programmazione, in un modo semplicissimo e con parecchi esempi pratici. Visto che ci troviamo nell'era dei computer, con un semplice capitolo acquisirai le nozioni del mestiere più importante degli ultimi tempi. Dopodiché passerai alla programmazione dedicata alle pagine web.

Imparerai in una maniera estremamente semplice e pratica il linguaggio di programmazione numero uno al mondo delle pagine web dinamiche: il PHP. Abbinato ad esso, scoprirai i segreti di MySQL, il più importante strumento per gestire i database, cioè i sistemi più efficaci per la raccolta e l'archiviazione dei dati. Dopo una lunga esperienza di programmazione, ti posso assicurare che i database sono alla base di TUTTI i software professionali presenti nel mercato.

Vedrai inoltre i segreti per trasformare semplicemente e gratuitamente il tuo PC in un vero e proprio server, per testare i tuoi lavori.

Andando man mano verso il "motore" del commercio elettronico, vedrai come realizzare e come servirti delle applicazioni che ho già preparato per te, per costruire il tuo portale e-commerce. Applicazioni che normalmente vedi in funzione sui più potenti siti di commercio elettronico (tra cui il sito della Bruno Editore) e che ti consentiranno di gestire gratuitamente e con la massima efficacia: mailing list e newsletter, azioni automatiche post-pagamento, gestire l'autenticazione dei tuoi utenti attraverso la login e la password, realizzare la parte tecnica del TUO programma di affiliazione ecc.

Senza contare, inoltre, altre decine di applicazioni indispensabili al tuo negozio elettronico: gestione delle statistiche, verifiche dei dati, supportate anche dal famoso linguaggio Javascript e dal linguaggio di markup HTML. Attraverso le tecniche segrete di questa guida e seguendo i tre pilastri fondamentali dettati dall'ing. Bruno per raggiungere gli obiettivi, vale a dire Impegno,

Determinazione e Strategie Giuste, riuscirai a diventare un grande esperto nella programmazione di pagine web dinamiche e sviluppatore di potentissimi portali e-commerce.

Buon Lavoro!

Vincenzo Iavazzo

GIORNO 1:
Programmare facilmente pagine dinamiche

L'informatica, la cui parola deriva dall'abbreviazione di informazione automatica, ha sempre aiutato l'uomo a facilitare la sua vita: nel lavoro, nel campo medico, negli hobby, nel divertimento, ma con la nascita di internet ha contribuito a migliorare la crescita finanziaria, soprattutto con l'avvento di nuove figure professionali nell'ambito del web:

- web designer;
- webmaster;
- web advertiser;
- web developer.

Il **web designer** si occupa di realizzare la struttura e la grafica di un sito web: le immagini, il testo, il layout ecc. Deve studiare scrupolosamente l'usabilità del sito (cioè la sua facilità nell'utilizzo) e l'accessibilità (garantire un accesso facilitato anche ai disabili).

Il termine **webmaster**, con l'attuale classificazione delle varie figure professionali del web, è poco utilizzato. Una volta racchiudeva tutte le figure insieme per la gestione del sito web, oggi invece è l'amministratore e il responsabile del sito. Si occupa, ad esempio, degli aggiornamenti.

Il **web advertiser,** oppure web marketer, oppure l'addetto al web marketing, è colui che si occupa della pubblicità del sito web. Lo promuove con diverse tecniche, tra cui il posizionamento nei motori di ricerca SEO oppure con il Pay-per-click. Inoltre esistono altre tecniche efficientissime, probabilmente ne avrai già sentito parlare se hai letto i miei precedenti ebook: Guadagnare con Emule e Youtube e Press Advertising.

Infine esiste l'importantissima figura professionale del **web developer**, la cui parola tradotta sta per sviluppatore web. In pratica questa figura si occupa di sviluppare le applicazioni web, attraverso i linguaggi di markup e i linguaggi di programmazione. Queste applicazioni, personalmente le definisco il "motore" del sito web. Ad esempio, chissà quante volte ti sarai iscritto a una qualsiasi newsletter, come quella della Bruno Editore. Appare una maschera in cui viene chiesto il tuo nome e la tua email. Immediatamente dopo aver premuto il pulsante "download", riceverai una email con l'ebook in omaggio.

Questo non significa che nella sede della Bruno Editore esiste un operatore che attende continuamente gli iscritti ed è pronto a inviare l'ebook in omaggio. Si tratta di un processo automatico gestito da un'applicazione web. Prima di entrare nel dettaglio di questo discorso partiamo dalla base.

SEGRETO n. 1: il web developer è lo sviluppatore di applicazioni web, con cui si automatizza il funzionamento di un sito.

Normalmente quando ti colleghi a internet e vai su un sito, ad esempio quello della Bruno Editore, sul monitor apparirà la home page. In pratica non hai fatto altro che inviare una richiesta al server, cioè un computer remoto, che risponde inviandoti la pagina che tu hai scelto. Il browser presente sul tuo PC (ad esempio Internet Explorer, Netscape…), cioè il programma che "interpreta" le pagine o meglio i file scritti in HTML, li trasforma in testo formattato, immagini, audio, video ecc. In pratica quando navighi in internet interagiscono due computer: il server e il client (tu!).

Naturalmente, affinché questi due computer possano "capirsi" devono esistere alla base delle regole di comunicazione, definite i **protocolli**. I principali protocolli di comunicazione sono:

- HTTP (HyperText Transfer Protocol);
- FTP (File Transfer Protocol);
- POP3 (Post Office Protocol);
- SMTP (Simple Mail Transfer Protocol).

Il protocollo **HTTP** (protocollo di trasferimento ipertestuale) è quello che consente la comunicazione tramite le pagine web. Vi è inoltre l'HTTPS che è simile a quello precedente, ma presenta un sistema di autenticazione utile per i siti riservati a determinati utenti (reti aziendali…). **FTP** (protocollo di trasferimento file) consente il trasferimento di file tra il computer locale e quello remoto e viceversa. È quello che vedrai nei prossimi capitoli per trasferire i file che hai realizzato nel sito web vero e proprio. Il **POP3** (protocollo ufficio postale) è il protocollo più diffuso per ricevere la posta elettronica, mentre **SMTP** (protocollo per il semplice trasferimento posta) è quello per inviare la posta elettronica.

SEGRETO n. 2: le regole di comunicazione durante una connessione a internet vengono definite dai protocolli: HTTP, FTP, POP3 e SMTP.

Nel paragrafo precedente, ti ho spiegato che il browser presente nel tuo PC interpreta, cioè traduce i file HTML in testo formattato, immagini, video in una maniera comprensibile per l'utente, che in pratica avrà come risultato la classica pagina web. Infatti un file HTML è costituito da una serie di istruzioni, scritte in **linguaggio di markup**, che costituiranno la pagina web.

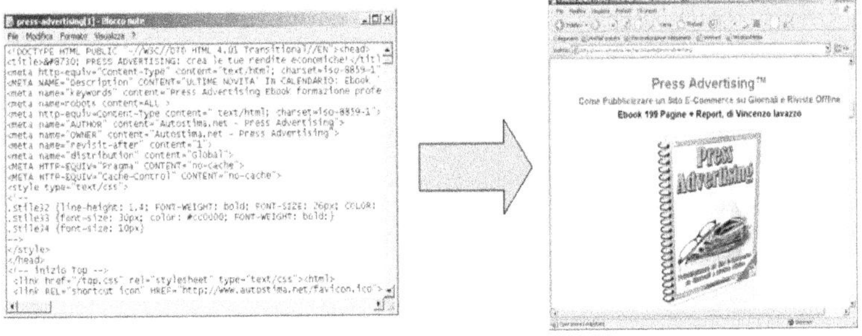

I principali linguaggi di markup sono:

- HTML (Hyper Text Mark-Up Language);
- CSS (Cascading Style Sheets).

Il linguaggio di markup **HTML** ha lo scopo di tradurre una serie di istruzioni (chiamate TAG) per fornire una formattazione al testo (la dimensione del carattere, il colore ecc.), inserire file (immagini, audio, video, documenti ecc.) e dare una struttura alla pagina web.

Esistono due sistemi per creare le pagine web. Il primo metodo (quello più semplice) consiste nell'utilizzare un programma con cui puoi costruire le pagine web lavorando sugli oggetti.

Con Microsoft FrontPage è semplicissimo, puoi realizzare una pagina web come se stessi lavorando col Word: inserisci immagini, le sposti e le dimensioni col mouse, inserisci il testo, scegli il carattere, il colore ecc.

Con questi software anche un bambino può realizzare pagine web, però in questo modo, non agisci sul codice HTML e anche se ti sembra un vantaggio, per "personalizzare" il motore del tuo sito e-commerce, sarà comunque necessario conoscere questo linguaggio.

È proprio a questo punto che entra in gioco il secondo metodo per realizzare le pagine web: utilizzare un editor testuale. In pratica, puoi realizzare le pagine web col "blocco note" di Windows, inserire i vari tag e al termine salvi il file con l'estensione "htm" oppure "html".

Ti assicuro che il linguaggio di markup HTML è semplicissimo, inoltre le nozioni necessarie alla parte tecnica le rivedrai nei prossimi capitoli. Innanzitutto tutti i tag, eccetto qualcuno, vanno aperti e poi chiusi. Ad esempio, se vuoi scrivere sullo schermo la parola "Ciao" col carattere di color rosso, dovrai usare il tag che attribuisce il colore al testo:

```
<font color="red" face="arial" size="5">Ciao</font>
```

Come vedi il tag "font color" imposta il colore rosso (color="red"), il font Arial (face="arial") e la dimensione 5 (size="5") al testo "Ciao". Al termine dovrai chiudere questo tag, anteponendo lo slash (/) allo stesso, altrimenti tutto il resto del testo apparirebbe in rosso. Vediamo ora gli altri principali tag per gestire il testo, in modo rapido e semplice:

- <b>...</b> imposta il testo in grassetto;
- <i>...</i> imposta il testo in corsivo;

- <u>...</u> imposta il testo sottolineato;
-
 va a capo;
- <div align="left">...</div> allinea a sinistra;
- <div align="right">...</div> allinea a destra;
- <div align="center">...</div> allinea al centro;
- <div align="justify">...</div> allineamento giustificato;

- <div valign=”top”>…</div> allinea in alto;
- <div valign=”middle”>…</div> allinea a metà;
- <div valign=”bottom”>…</div> allinea in basso;
- <center>...</center> allinea al centro;
- <hr> traccia una linea orizzontale;

- <img src="immagine.gif"> inserisce un’immagine;
- <a href="www.gratis.it">…</a> inserisce un link;
- <table>…</table> inserisce una tabella;
- <tr>…</tr> inserisce una riga nella tabella;

- <td>…</td> inserisce una colonna nella tabella.

A prima vista l'uso dei tag potrebbe sembrarti complicato, ma ti consiglio di lanciare immediatamente il file "esempio.htm" in regalo con questo ebook, che mostra il risultato visivo di tutti i tag. Per vedere il codice HTML di questo file dal browser Internet Explorer, clicca l'opzione "HTML" presente nel menù "Visualizza". Per alcuni tag puoi inserire una serie di parametri (alcuni li hai già visti come "align") per indicarne i dettagli, ad esempio, il parametro "width" imposta la larghezza dell'oggetto espressa in pixel è lo puoi utilizzare per molti tag:

<hr **width="200"**>
<img src="immagine.gif" **width="150"**>
<table **width="300"**>…</table>

Come vedi i valori dei parametri vanno inclusi tra le virgolette ("…"). Altri parametri fondamentali sono:

- Size Spessore, esempio <hr size="2">
- Color Colore, esempio <font color="red">

- Align Allineamento, esempio <img src=”x” align=”right”>
- Valign Allineamento verticale
- Height Altezza, esempio <table height=”50”>
- Border Bordo con spessore espresso in pixel, esempio <td border=”1”>

Come vedi in poche e semplici paginette hai scoperto tutti i principali tag HTML per costruire il **corpo** del tuo sito web. Esistono inoltre altri semplici tag per definire l'**intestazione** del sito web, necessaria ad esempio per assegnare il titolo alla pagina, definire i parametri per farti “trovare” dai motori di ricerca ecc. In seguito vedrai semplicemente come si strutturano l'intestazione (head) e il corpo (body) di una pagina web:

```
<html>
<head>
<title>Titolo della pagina web</title>
<meta name="keywords" content="parole chiavi, parole
chiavi…">
<meta name="author" content="Nome Cognome Autore">
```

```
<meta name="description" content="Descrizione del sito">
</head>
<body>
<!-- tra questi caratteri puoi inserire dei commenti -->
     ... immagini
     ... testo
     ... tabelle
</body>
</html>
```

Come vedi tra i tag di intestazione appare “title”, in cui indicherai il titolo della tua pagina web e che apparirà anche nella finestra del browser.

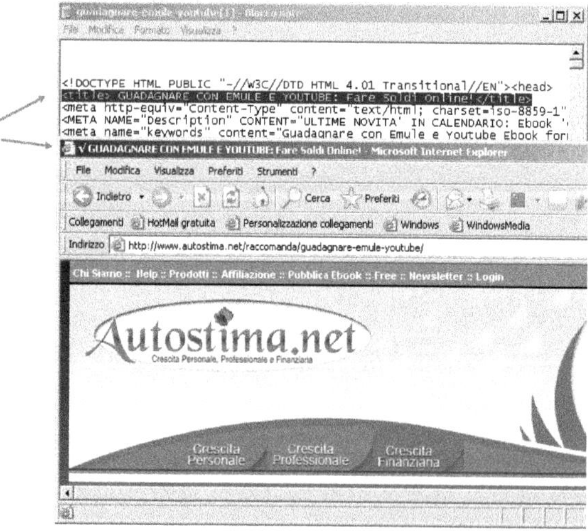

Appaiono inoltre i meta tag, destinati a fornire informazioni ai motori di ricerca, tra cui "keyword", in cui dovrai inserire le parole chiave attinenti alla tua pagina web, ad esempio se nel tuo sito vendi auto, indicherai: auto nuove, auto usate, Ferrari, Lamborghini ecc.

Un altro meta tag fondamentale è "description", in cui dovrai inserire la descrizione del tuo sito web, anch'essa fondamentale per la visibilità nei motori di ricerca, inoltre queste informazioni appariranno nei motori di ricerca, come in questa foto tratta da Google:

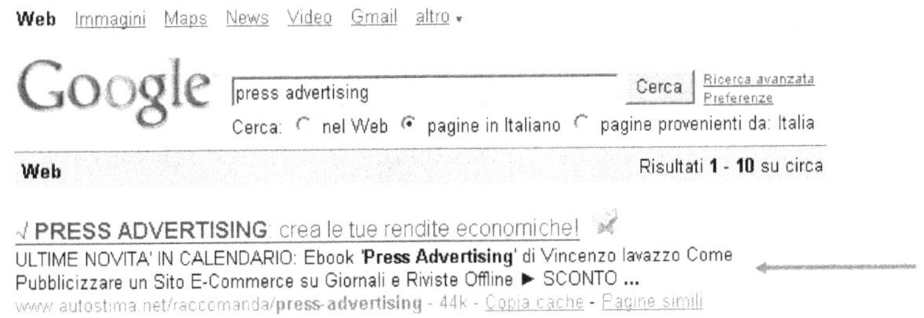

SEGRETO n. 3: l'HTML è un linguaggio di markup composto da tag che costituiscono il corpo e l'intestazione di una pagina web.

L'altro linguaggio di markup molto diffuso è il **CSS,** che è in pratica un "derivato" dell'HTML. Questo linguaggio interessa esclusivamente la parte grafica, quindi non essendo totalmente attinente a questa guida, lo illustrerò sinteticamente.

I CSS (fogli di stile a cascata) servono a definire in un unico file tutte le caratteristiche di formattazione del testo, dello sfondo, dei link ecc. di una pagina web. In questo modo si risparmia la definizione di parecchi parametri nei tag HTML, ad esempio non dovrai scrivere ogni volta:

```
<font color="black" face="verdana"
size="12px"><b>...</b></font>
```

Basterà che tu definisca tutti i parametri di formattazione una sola volta nel file del foglio di stile. Probabilmente penserai che facendo così il testo dell'intera pagina web sarà totalmente uguale, comunque per garantire l'usabilità di un sito è buona regola usare pochissimi tipi di font diversi. Magari usi un paio di tipi di stili diversi e li racchiudi in un file denominato "stile.css", realizzabile tramite il blocco note di Windows.

Ecco un esempio di foglio di stile:

```
.stile1
{
color: black;
font: 12px verdana;
font-weight: bold;
}

.stile2
{
color: blue;
font: 10px verdana;
font-weight: bold;
}
```

Questo file dovrai richiamarlo in ogni pagina HTML del tuo sito, nella parte dell'intestazione (head), nel seguente modo:

```
<link rel="stylesheet" type="text/css" href="stile.css">
```

Nel momento in cui dovrai formattare un testo con i parametri che avrai indicato, ad esempio in “stile1”, dovrai utilizzare il tag:
<div class="stile1">...</div>

Tutto quello che sarà contenuto in quel tag presenterà la formattazione che hai indicato nel foglio di stile.

SEGRETO n. 4: i CSS racchiudono tutte le caratteristiche grafiche di una pagina web.

Come vedi i linguaggi di markup non sono veri e propri linguaggi di programmazione, sono solo formattatori di documenti. I veri linguaggi di programmazione utilizzati nell’ambito del web (definiti linguaggi di scripting) sono:

- ASP;
- PHP;
- Javascript;
- Vbscript.

Prima di proseguire voglio farti notare che i linguaggi HTML, Javascript e Vbscript vengono interpretati dallo stesso browser, quindi sono definiti linguaggi **lato client** e nel caso di utilizzo esclusivo di codice HTML e CSS, le corrispondenti pagine web sono definite **statiche**.

Invece, gli altri linguaggi, cioè ASP e PHP, vengono eseguiti **dal server** del provider che fornisce al nostro browser i risultati trasformati in codice HTML (e non il codice di programmazione), quindi in questo caso parliamo di linguaggi lato server e di **pagine web dinamiche**. Rientrano nella categoria di pagine web dinamiche anche quelle realizzate con Javascript e Vbscript.

SEGRETO n. 5: le pagine web statiche vengono realizzate con i linguaggi di markup, mentre quelle dinamiche con i linguaggi di scripting.

Prima di passare nel dettaglio dei linguaggi di programmazione che vedrai nei prossimi capitoli, partiamo un po' dalla base. Innanzitutto, la **programmazione** è l'attività che consente di creare, tramite una serie d'istruzioni, un programma. Tutti i programmi che vedi nel tuo PC sono scritti con un determinato linguaggio di programmazione, ad esempio il più diffuso è il C.

I linguaggi di programmazione si dividono principalmente in due grandi categorie: linguaggi compilati e interpretati. I **linguaggi compilati** hanno un software (compilatore) che trasforma l'insieme delle istruzioni che costituiscono il programma (codice sorgente) in un file eseguibile (avente estensione EXE). I **linguaggi interpretati** che interessano al nostro caso, hanno il codice sorgente che viene letto riga per riga da un programma che indica al computer le azioni da eseguire. In quest'ultima categoria di linguaggi di programmazione, vi sono appunto il PHP, l'ASP, il Javascript, il Vbscript.

Anche se esistono numerosi tipi di linguaggi di programmazione, i concetti base sono uguali per tutti, sia per quelli compilati, sia per gli interpretati. Ecco le nozioni che costituiscono i pilastri della programmazione:

- le variabili;
- le funzioni di input e output;
- gli operatori;
- le istruzioni condizionali;
- le istruzioni iterative.

Le **variabili** sono una parte della memoria e servono a contenere dati di tipo numerico oppure stringhe (sequenze di caratteri). Una variabile è definita da un nome, ad esempio:

nome = "Vincenzo"

telefono = 123456

Le righe precedenti definiscono due variabili (sintassi valida per il linguaggio Basic) e ne impostano il contenuto (inizializzazione). Come vedi, quando la variabile è di tipo stringa, il contenuto va posto tra le virgolette. Esistono particolari tipi di variabili, definite **array**. Gli array sono variabili aventi lo stesso nome ma possono contenere più elementi. Ad esempio in un array possiamo indicare tutti i colori, senza dover utilizzare tante variabili:

colore(1)="Rosso"

colore(2)="Verde"

colore(3)="Blu"

Le **funzioni di input e output** hanno il compito rispettivamente di richiedere dati all'utente tramite la tastiera e scrivere dati al video attraverso il monitor. In Basic la funzione che permette di scrivere dati sul video è "Print", ad esempio:

Print "Ciao"

Print 1234

Print nome

Print colore(2)

Nella prima riga, ho indicato la funzione per scrivere una determinata stringa sul video (come vedi è posta tra le virgolette); la seconda riga consente di scrivere un determinato numero sul video (essendo un numero non c'è bisogno di virgolette); la terza riga ha la funzione di scrivere sul video il contenuto della variabile "nome" e visto che nelle righe precedenti l'ho inizializzata con la stringa "Vincenzo", sul video apparirà appunto questo nome.

Infine, la quarta riga scrive sul video il contenuto del secondo elemento dell'array "colore", quindi guardando l'impostazione precedente apparirà la scritta "Verde". Esiste inoltre la possibilità di scrivere al video sia una stringa, sia il contenuto di una variabile insieme, ad esempio:

Print "Il mio nome è ",nome

Con questa istruzione apparirà sul video: "Il mio nome è Vincenzo". In linguaggio Basic, per richiedere dati all'utente dalla tastiera devi utilizzare l'istruzione "Input", ad esempio:

Print "Come ti chiami?"

Input nome

Con la prima riga apparirà sul video la domanda, la seconda istruzione immetterà nella variabile "nome" il contenuto dei dati che inserirai dalla tastiera del PC. Passiamo ora agli **operatori** che hanno la funzione di gestire le variabili e si dividono in:

- operatori aritmetici;
- operatori di confronto;
- operatori logici.

Gli operatori **aritmetici** hanno la funzione di eseguire operazioni matematiche:

Operazione	PHP e Java	Basic
Addizione	+	+
Sottrazione	-	-
Moltiplicazione	*	*
Divisione	/	/
Resto	%	Mod
Elevato	^	^
Incrementa di uno	++	
Decrementa di uno	--	

Ti mostro un semplice programmino come esempio per chiarirti le idee sugli operatori aritmetici:

Print “Inserisci il primo numero”
Input primo
Print “Inserisci il secondo numero”
Input secondo
Risultato = primo + secondo
Print “La somma di questi numeri vale: “,risultato

A parte le altre istruzioni che già hai visto, quella in grassetto serve a porre nella variabile “risultato” la somma della variabile “primo” e “secondo”. Gli **operatori di confronto** servono appunto a confrontare il contenuto di più variabili.

Descrizione	PHP e Java	Basic
uguale a	==	=
diverso da	!=	<>
minore	<	<
maggiore	>	>
minore o uguale	<=	<=
maggiore o uguale	>=	>=

Nei prossimi paragrafi, quando ti illustererò le istruzioni condizionali, vedrai esempi molto chiarificativi sugli operatori di confronto.

Anche gli **operatori logici** servono a confrontare il contenuto di più variabili e anche in questo caso ti indicherò quali sono e ti fornirò un esempio nelle successive righe:

<table>
<tr><th>Descrizione</th><th>PHP e Java</th><th>Basic</th></tr>
<tr><td>AND logico</td><td>&&</td><td>and</td></tr>
<tr><td>OR logico</td><td>||</td><td>or</td></tr>
</table>

Nel linguaggio basic le **istruzioni condizionali** sono “if - then - else” che significano appunto: se - allora - altrimenti. Insieme agli operatori di confronto e logici, eseguono delle istruzioni nel caso in cui si verificano determinate condizioni sulle variabili, ad esempio:

```
Print “Quanti anni hai?”
Input eta
If eta<15 Then Print “Sei piccolo”
If eta>=15 and eta<=20 Then Print “Sei giovane”
If eta>20 Then Print “Sei grande”
```

If eta>=18 then print “sei maggiorenne” else print “sei minorenne”

In questo programma viene richiesto all’utente l’età. La terza riga verifica se l’età è inferiore a 15, in tal caso scriverà sul video “sei piccolo”; la quarta riga verifica se l’età è maggiore o uguale a 15 e minore o uguale a 20 (in pratica compresa tra 15 e 20 anni) allora scriverà sul video “sei giovane”; la quinta riga verifica se l’età è maggiore di 20 allora scrive sul video “sei grande”. Infine, l’ultima riga spiega chiaramente l’utilità dell’istruzione “else”: se l’età è maggiore o uguale a 18, scrive sul video “sei maggiorenne”, altrimenti (istruzione “else”) scrive sul video “sei minorenne”.

Le **istruzioni iterative** hanno lo scopo di eseguire un certo numero di volte delle funzioni. In Basic le funzioni iterative sono “for - next” e “do while - loop”. Le istruzioni “for -next” vengono utilizzate quando già si conosce il numero delle volte che vuoi ripetere le istruzioni. La sintassi è la seguente:

For VariabileContatore = ValoreIniziale To ValoreFinale

Istruzioni

Next

In pratica ad ogni ciclo ripetitivo la “VariabileContatore”, impostata col valore iniziale indicato si incrementerà di uno e le istruzioni verranno ripetute fino a quando la suddetta variabile giungerà al valore finale indicato, ad esempio:

```
For i = 3 To 7
Print i
Next
```

Sullo schermo apparirà come risultato: “3 4 5 6 7”.

Invece le funzioni “do while - loop” ripetono una serie di istruzioni fin quando sia vera la condizione indicata in “while”, ad esempio:

```
Do While (parola<>"fine")
Input parola
Loop
```

Come vedi la condizione indicata è che la variabile sia diversa dalla parola “fine”, quindi fin quando scriverai qualsiasi cosa che sia diversa da “fine”, il ciclo si ripeterà sempre.

SEGRETO n. 6: le fondamenta della programmazione sono: le variabili, le funzioni di input e output, gli operatori, le istruzioni condizionali e le istruzioni iterative.

RIEPILOGO DEL GIORNO 1:

- SEGRETO n. 1: il web developer è lo sviluppatore di applicazioni web, con cui si automatizza il funzionamento di un sito.
- SEGRETO n. 2: le regole di comunicazione durante una connessione ad internet vengono definite dai protocolli: HTTP, FTP, POP3 e SMTP.
- SEGRETO n. 3: l'HTML è un linguaggio di markup composto da tag che costituiscono il corpo e l'intestazione di una pagina web.
- SEGRETO n. 4: i CSS racchiudono tutte le caratteristiche grafiche di una pagina web.
- SEGRETO n. 5: le pagine web statiche vengono realizzate con i linguaggi di markup, mentre quelle dinamiche con i linguaggi di scripting.
- SEGRETO n. 6: le fondamenta della programmazione sono: le variabili, le funzioni di input e output, gli operatori, le istruzioni condizionali e le istruzioni iterative.

GIORNO 2:
La potenza dello strumento PHP

Nel capitolo precedente ti ho illustrato i principali linguaggi di programmazione utilizzati nell'ambito del web e la differenza tra linguaggi lato server (interpretati da remoto) e lato client (interpretati dal browser). I più importanti linguaggi di programmazione per costruire pagine dinamiche interpretati dal lato server sono due: il PHP (Hypertext Preprocessor) e l'ASP (Active Server Pages).

Il **PHP** (preprocessore di ipertesti) e l'**ASP** (pagine server attive) sono in apparenza abbastanza simili, riescono entrambi a gestire i database eppure presentano alcune profonde differenze e siccome per ragioni di efficienza dovrai "specializzarti" e concentrare tutte le tue energie su un unico linguaggio, dovrai sceglierne uno solo. Dopo lunghi studi, esperienze nel campo e confronti su forum italiani ed esteri ti dico subito che il migliore è il PHP, per numerose ragioni. Innanzitutto esiste una ragione economica. Per testare le pagine ASP è necessario il software IIS (Internet

Information Services) prodotto dalla Microsoft che è a pagamento. Anche per la gestione dei database con questo linguaggio è necessario un software che non è libero, cioè MS-SQL. Invece, per quanto riguarda la gestione del PHP, essendo un prodotto che si appoggia sul sistema operativo LINUX, è gratuito, come pure è gratis il sistema per la gestione dei database che in questo linguaggio è MySQL, che risulta inoltre essere il più popolare.

Come ti ho accennato nel paragrafo precedente, il PHP gira sui principali sistema, cioè Unix, Linux e anche Windows e non pensare che i primi due siano pochi diffusi, ti posso garantire che sono utilizzati da grandissime aziende, grazie alla loro potenza nel gestire grosse reti multiutenti. Invece l'ASP è limitato principalmente ai sistemi operativi Microsoft.

Il PHP essendo open-source (cioè il suo codice sorgente è aperto a tutti) oltre a essere più diffuso, è lavorato da molte persone, quindi presenta numerose funzioni fondamentali per il nostro caso, che in ASP puoi avere solo aggiungendo applicazioni a pagamento. Inoltre, in rete puoi trovare numerosissimi siti con script gratuiti per questo linguaggio libero. Naturalmente troverai anche script ASP, ma in forma estremamente ridotta essendo un linguaggio a pagamento.

Infine il PHP è scritto in linguaggio C, che risulta essere il migliore di tutti, essendo la base dei più importanti programmi e sistemi operativi in commercio, quindi le istruzioni si avvicinano molto a questo diffusissimo strumento di programmazione, che garantisce anche il vantaggio di girare più veloce rispetto ad ASP.

Penso di averti dato davvero delle ottime ragioni tecniche per concentrare al massimo i tuoi lavori su questo potentissimo strumento per la costruzione di pagine dinamiche. Intendo comunque ancora aggiungere qualcosa per convincerti al 100% nella scelta di questo strumento, anche se probabilmente per il momento non hai ancora le conoscenze tecniche necessarie. Questo ragionamento si basa sullo studio dei più importanti siti che gestiscono pagine dinamiche e soprattutto il commercio elettronico, nel vedere quale linguaggio di scripting è utilizzato. Tanto per iniziare prendiamo il miglior sito italiano che noi tutti conosciamo: quello della Bruno Editore!

Questo potentissimo sito gestisce la parte "dinamica" con applicazioni PHP e database MySQL. Probabilmente te ne sarai già accorto notando il nome di qualche pagina del sito, ad esempio:

http://www.autostima.net/partner/index.**php**

http://www.autostima.net/autostima/contatti.php

Praticamente, tutte le pagine di questo importantissimo sito sono realizzate con questi diffusi strumenti di programmazione. Inoltre, te ne accorgi anche dalla pagina Jobs presente nella home-page:

Cerchiamo COLLABORATORI a TEMPO PIENO per la SEDE DI ROMA:
(REQUISITO: RESIDENZA A ROMA)

=========== **PROGRAMMATORE SENIOR PHP & MYSQL** ==========

Competenze richieste:
- OTTIMA conoscenza di PHP e MYSQL
- Lunga esperienza nello sviluppo e gestione di siti web
- Almeno 3 anni di esperienza in PHP

Gradita ma non indispensabile:
- esperienza nell'ecommerce
- competenze di web marketing
- conoscenza di PHP5, XHTML

Come vedi, l'azienda Bruno Editore cerca programmatori PHP e MySQL. Magari se hai la residenza a Roma, dopo la lettura di questa guida e dopo un bel po' di pratica nella realizzazione di siti web e pagine dinamiche, potresti inviare il tuo curriculum per avere la possibilità di entrare in questa azienda leader in Italia. Non solo la Bruno Editore utilizza questi strumenti di programmazione, in Italia ce ne sono a milioni: Yahoo, Tradedoubler, Html.it, Wikipedia, Adobe ecc., se vuoi continuo all'infinito! A questo punto puoi concentrarti al massimo e senza alcun dubbio sul PHP.

Sito ufficiale: www.php.net

SEGRETO n. 1: il PHP è il miglior strumento per programmare pagine web dinamiche.

Già nelle pagine precedenti ti ho spiegato che il PHP, come tutti gli altri linguaggi interpretati dal lato server, non forniscono il codice di programmazione, ma restituiscono all'utente connesso ad internet (client) il codice HTML. In pratica il PHP è composto da una parte di codice HTML e un'altra parte di codice PHP. Per far capire al software interprete che stai scrivendo istruzioni PHP, dovrai inserirle all'interno dei tag "<? … ?>", invece tutto ciò che sta fuori viene interpretato come codice HTML:

… codice HTML

```
<?
... codice PHP
?>
... codice HTML
```

Per scrivere dei programmi PHP è sufficiente il blocco note di Windows, a condizione di nominare il file con estensione PHP. Tutte le istruzioni PHP devono terminare col punto e virgola e la funzione principale di questo linguaggio di scripting che consente di restituire il codice HTML è "print" che corrisponde proprio a quella del Basic, utilizzata in precedenza:

```
<?
Print '<hr>';
?>
```

Questo semplice programma PHP restituisce all'utente che vi accede, una pagina HTML con l'istruzione che vedi in grassetto all'interno degli apici (sostituibili secondo esigenza anche con le virgolette). In questo caso restituisce il tag "<hr>", che come hai visto nei paragrafi precedenti serve a tracciare una linea orizzontale.

Già con questa semplice istruzione base (print), puoi costruire due script molto utili, presenti in tutti i più importanti siti web. Avrai notato che nella maggior parte dei siti web, ci sono delle parti delle pagine comuni a tutte le altre. Prendiamo per esempio il sito della Bruno Editore:

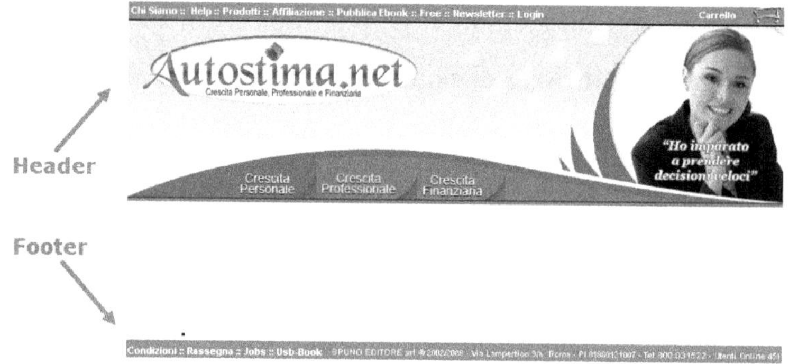

Come vedi ti ho evidenziato le parti comuni a tutte le pagine di questo sito che tecnicamente chiameremo "header" e "footer". Come puoi notare il sito della Bruno Editore è composto da oltre cento pagine e lo staff tecnico non è che per ciascuna di esse o per ogni nuova pagina scrive sempre lo stesso codice per creare la stessa "header" e "footer". Anche perché, se intendesse aggiornare anche un minimo dettaglio di queste parti, dovrebbe modificare oltre cento pagine ogni volta! Invece il programmatore realizzerà solo due semplici file, denominati appunto "header.php" e "footer.php":

esempio: header.php

```
<?
print '<html>';
print '<head>';
print '<title>Titolo della pagina web</title>';
print '<meta name="keywords" content="parole chiavi, parole
chiavi…">';
print '<meta name="author" content="Vincenzo Iavazzo">';
print '<meta name="description" content="Descrizione del
sito">';
print '</head>';
print '<body>';
print 'codice HTML per realizzare il layout, il logo ed i link del
sito';
?>
```

esempio: footer.php

```
<?
```

```
print "codice HTML per realizzare i link di coda e le informazioni relative all'azienda";
print '</body>';
print '</html>';
?>
```

Come vedi con questi due semplici script, che potrai personalizzare a tuo piacimento, risparmierai tantissimo lavoro: basterà che richiami questi due programmini ad ogni pagina del tuo sito. Per richiamare uno script PHP, ad esempio dalla pagina principale del sito (index.php), dovrai utilizzare la seguente funzione:

```
<?
include("header.php");
… codice PHP della pagina
include("footer.php");
?>
```

SEGRETO n. 2: realizza le parti comuni delle pagine con script PHP.

Nelle pagine precedenti ti ho illustrato i concetti principali della programmazione: le variabili, le funzioni di input e output, gli operatori, le istruzioni condizionali, le istruzioni iterative. Per semplificare le cose, ho utilizzato come esempio il linguaggio Basic, però ricorda che un buon programmatore non è quello che conosce a memoria tutti i linguaggi di programmazione, quello che conta è **saper programmare**. Inoltre, come vedrai in seguito, i linguaggi di programmazione si assomigliano un po' tutti.

Siccome quei concetti sono alla base della programmazione, ti illustrerò le stesse istruzioni nell'ambito del PHP. Partiamo dalle variabili che sono alla base di uno script:

Basic	**PHP**
matricola = 1234	$matricola = 1234;
nome = "Vincenzo"	$nome = "Vincenzo";
colore(1)="Rosso"	$colore[1]="Rosso";

Come vedi è praticamente uguale, in PHP per inizializzare una variabile, a differenza del BASIC, devi anteporre al nome della stessa il simbolo del dollaro e come tutte le istruzioni devono terminare col punto e virgola. Inoltre, per gli array, dovrai sostituire le parentesi tonde con quelle quadre.

Tralasciamo temporaneamente le funzioni di input che ti mostrerò in seguito, vediamo quelle di output che in parte già hai visto:

Basic	**PHP**
print “Ciao”	print “Ciao”;
print 1234	print 1234;
print nome	print $nome;
print colore(2)	print $colore[2];
print “Il mio nome è “,nome	print “Il mio nome è “.$nome;

Anche in questo caso cambia poco, anzi cambia solo il punto per “collegare” una stringa con una variabile, anziché usare la virgola come si fa col Basic. Per quanto riguarda gli operatori (aritmetici, confronto e logici), nella tabella del capitolo precedente, ti ho illustrato tutti quelli esistenti, anche per il PHP. Anche per le istruzioni condizionali i comandi sono gli stessi, cambia un po’ la forma. Ad esempio in Basic le istruzioni erano:

If eta>=18 Then Print “Sei maggiorenne” else print “sei minorenne”

In PHP sono:

```
if ($eta>=18)
{
print "Sei maggiorenne";
}
Else
{
print "Sei minorenne";
}
```

Cambia l'aggiunta di parentesi tonde nella condizione e l'apertura e la chiusura delle parentesi graffe nelle istruzioni da eseguire. Invece per quanto riguarda quest'altra istruzione Basic:

If eta>=15 and eta<=20 Then Print "Sei giovane"

In PHP si traduce con:

```
if ($eta>=15 && $eta<=20)
{
print "Sei giovane";
}
```

Come vedi cambia solo l’operatore logico “and” che in PHP equivale a “&&”. C’è poco da cambiare anche per le istruzioni iterative, in particolare la sintassi di “for - next” è la seguente:

Basic	**PHP**
For i = 3 To 7	for ($i = 3; $i <=7; $i++)
{	
Print i	Print $i;
Next	}

Mentre per le istruzioni iterative “do - while”:

Do While (parola<>”fine”)	while ($parola != ”fine”)
	{
… istruzioni	… istruzioni
Loop	}

Ora che hai visto le istruzioni base necessarie per la programmazione, vediamo qualche altra funzione, partendo da quella più interessante e soprattutto più utile al caso nostro.

SEGRETO n. 3: i concetti base della programmazione sono uguali in tutti i tipi di linguaggi.

La funzione che ti illustrerò si chiama “mail” e serve per inviare messaggi di posta elettronica. È una funzione semplicissima e ti illustrerò il suo funzionamento con un pratico esempio commentato. A proposito, per inserire un commento nel codice PHP basta che anteponi il doppio slash come vedrai in seguito:

```
<?
$a=”pippo@prova.it”;          // imposta nella variabile “a” l’indirizzo email del destinatario
$da=”From:pluto@prova.it”;          // imposta nella variabile “da” l’indirizzo email del mittente, preceduto necessariamente da “From:”
$oggetto=”oggetto”;          // imposta nella variabile “oggetto” l’oggetto della email
$messaggio=”Ciao a tutti”;          // imposta nella variabile “messaggio” il testo della email
mail($a,$oggetto,$messaggio,$da) ;          // invia l’email con tutti i parametri impostati
```

```
?>
```

Un'altra funzione utile e interessante è "date". Questa istruzione restituisce la data e l'ora indicata oppure quella attuale, nel formato scelto. Ad esempio:

```
<?
$data= date('D d-m-Y H:i:s');
print "Oggi è ".$data;
?>
```

Questa funzione restituirà al video: "Oggi è Mon 12-05-2008 16:57:10".

Ti assicuro che con queste poche funzioni e altre che vedrai nel capitolo successivo per gestire i database, potrai già costruire potentissimi siti dinamici e tantissime soluzioni per la gestione automatica dei portali e-commerce. In ogni caso, se sei interessato, puoi avere l'elenco completo delle funzioni PHP proprio nel sito ufficiale di questo strumento. Un'applicazione utilissima e indispensabile, non solo per i siti di e-commerce, riguarda la gestione dei contatti. I siti di basso livello forniscono una casella email per ricevere dai clienti informazioni, in questo caso il cliente dovrà aprire il programma di posta elettronica e inviare le informazioni richieste.

Ma questa soluzione è poco ottimale per tre motivi. Il primo perché è poco pratico per l'utente che si trova sul sito ridurre a icona la finestra di Internet Explorer, aprire il programma di posta elettronica, scrivere l'email, l'oggetto… e spedirla. La seconda ragione è che non avendo a disposizione una maschera con i campi richiesti, il cliente potrebbe omettere delle informazioni importanti, tipo il suo numero di telefono, il suo indirizzo ecc. Ultimo motivo è che andresti incontro allo spam.

Infatti rendendo pubblica la tua casella email, nell'era in cui viviamo, in pochissimo tempo ti troveresti strapieno di email pubblicitarie senza che tu ne abbia dato il consenso. I siti professionali, come quello della Bruno Editore, forniscono agli utenti una **maschera per i contatti**.

Contattaci

- Se la richiesta riguarda l'affiliazione clicca qui: Affiliazione

- Se la richiesta NON riguarda l'affiliazione scrivi qui la tua richiesta:

Priorità Normale

Invia Email

Come si fa a gestire questo sistema? In teoria potresti servirti solo di alcuni tag HTML, definiti form.

<form method="post" action="mailto:mario@rossi.it">

<table border="0">

<tr>

<td align="left">Nominativo</td>

<td align="left">**<input type="text" name="nominativo" maxlength="30" size="30">**</td>

```
</tr>
<tr>
<td align="left">Email</td>
<td align="left"><input type="text" name="email"
maxlength="30" size="30"></td>
</tr>
<tr>
<td align="left">Oggetto</td>
<td align="left"><input type="text" name="oggetto"
maxlength="100" size="100"></td>
</tr>
<tr>
<td align="left">Messaggio</td>
<td align="left"><textarea cols="40" rows="5"
name="messaggio"></textarea></td>
</tr>
</table>
<br>
<input type="submit" value="Invia">
</form>
```

I form servono a gestire le **operazioni di input,** a proposito delle quali in precedenza ho rimandato la spiegazione. In pratica questi insieme di tag HTML daranno luogo alla seguente pagina:

Nominativo

Email

Oggetto

Messaggio

Invia

Inoltre, attraverso questa maschera, dopo che gli utenti avranno inserito i dati e schiacciato il pulsante “Invia”, automaticamente riceverai una email con tutti i campi compilati da loro. Analizziamo ora singolarmente i nuovi tag che ti ho evidenziato nelle righe precedenti.

Il tag “<form>” serve a definire i parametri per gestire l’invio dei dati da parte dell’utente.

```
<form method="post" action="mailto:mario@rossi.it">
</form>
```

Il parametro “action” definisce appunto l’azione da svolgere in seguito all’invio dei dati da parte dell’utente. In questo caso i dati saranno inviati tramite una email alla casella di posta elettronica “mario@rossi.it”. Il tag successivo si chiama “input” e serve a inserire un casella di testo in cui l’utente potrà scrivere dei dati:

```
<input type="text" name="nominativo" maxlength="30" size="30">
```

Il parametro “type” indica il tipo di dati che l’utente può inserire (in questo caso è impostato con “text” che si tratta di testo), il “name” indica il nome del campo, “maxlength” indica il numero massimo di caratteri che l’utente può scrivere e “size” indica la dimensione della casella che apparirà sullo schermo.

Il prossimo tag è analogo a quello precedente, presenta però il vantaggio di estendersi a più colonne, utile appunto nel nostro caso in cui c’è da inserire tanto testo:

```
<textarea cols="40" rows="5" maxlength="500" name="messaggio"></textarea>
```

I campi "cols" e "rows" indicano rispettivamente il numero di colonne e righe con cui la casella apparirà sullo schermo. Infine vi è un nuovo tag "input" ma con il parametro "type" impostato a "submit".

```
<input type="submit" value="Invia">
```

Con questo tag apparirà il pulsante "Invia"; quando sarà premuto dall'utente, avverrà la trasmissione dei dati.

SEGRETO n. 4: i tag "form" consentono le operazioni di input nell'ambito del web.

Come vedi con poche righe di codice HTML, avrai una completa applicazione per gestire professionalmente l'invio dei dati da parte degli utenti, con una maschera già formattata con le funzioni "table" viste in precedenza.

Esiste però uno svantaggio a utilizzare solo il codice HTML. Quando l'utente scriverà e invierà i campi, avrai un risultato quasi illeggibile analogo a questo:

FORMNAME=Nuovo&NOMINATIVO=Mario+Rossi&EMAIL =prova+posta.it&OGGETTO=Informazioni+Preventivo&MESS AGGIO=Quanto+costa+la+tv+modello+philips

Per risolvere questo inconveniente ti converrà abbinare a questo codice un semplicissimo script PHP che in seguito ti illustrerò, ma prima dovrai modificare una riga, sostituendo il parametro “action”, con il nome dello script PHP:

```
<form method="post" action="contatti.php">
```

In questo modo, quando l’utente cliccherà il pulsante “Invia”, i dati saranno spediti anziché all’email a uno script simile:

```
<?
mail("pippo@pluto.it",$nominativo."          ".$oggetto,$messaggio,
"From: ".$email);
print "Grazie per averci contattato! Le risponderemo al più
presto";
?>
```

Come vedi basta semplicemente sfruttare la funzione “mail” che ti ho illustrato in precedenza. Hai notato che nel secondo parametro della funzione “mail” (in cui viene indicato l’oggetto della email), ho impostato che sarà inviato sia il nominativo dell’utente, sia l’oggetto che l’utente ha indicato nel form.

SEGRETO n. 5: realizzare una maschera dei contatti con una pagina HTML e con uno script PHP, offre notevoli vantaggi.

RIEPILOGO DEL GIORNO 2:

- SEGRETO n. 1: il PHP è il miglior strumento per programmare pagine web dinamiche.
- SEGRETO n. 2: realizza le parti comuni delle pagine con script PHP.
- SEGRETO n. 3: i concetti base della programmazione sono uguali in tutti i tipi di linguaggi.
- SEGRETO n. 4: i tag “form” consentono le operazioni di input nell’ambito del web.
- SEGRETO n. 5: realizzare una maschera dei contatti con una pagina HTML e con uno script PHP, offre notevoli vantaggi.

GIORNO 3:
Gestire semplicemente database MySQL

Nell'introduzione di questa guida ti avevo già accennato della potenza dei database e la loro efficienza per raccogliere dati. Ti ho inoltre spiegato che i database sono alla base di TUTTI i software professionali presenti nel mercato e questo vale soprattutto per i siti web dinamici, in particolare per i portali e-commerce. Ma allora cosa sono questi database? I database hanno il compito di memorizzare dei dati in modo strutturato. Essi sono formati da una o più **tabelle**.

SEGRETO n. 1: i database sono un insieme di tabelle, che rappresentano il sistema più efficace per l'archiviazione dei dati in modo strutturato.

Una tabella è strutturata in colonne (campi) e righe (record). Per capire cos'è una tabella prendiamo ad esempio in considerazione una rubrica telefonica:

Cognome	Nome	Email	Telefono	Cellulare
Manzoni	Alessandro	ale.manzoni@libero.it	123456	111111
Leopardi	Giacomo	giacomo.leo@tim.it	789012	222222
Verga	Giovanni	giovanni.verga@hotmail.it	987654	333333

In questo caso, la rubrica corrisponde alla tabella, le voci "Cognome - Nome - Email - Telefono - Cellulare" rappresentano le colonne (campi) e i vari dati inseriti rappresentano le righe (record).

È necessario che ogni tabella includa una **chiave primaria**, cioè un campo che identifichi in modo univoco ogni record memorizzato nella tabella. Nell'esempio precedente, la chiave primaria della tabella potrebbe essere il campo "Cognome", ma può succedere che più di una persona abbia lo stesso cognome e quindi non sarebbe più un identificativo univoco.

Per essere sicuri di avere un campo univoco sempre diverso dagli altri, la soluzione potrebbe essere quella di inserire un identificativo numerico (denominato ad esempio "id") che si incrementi a ogni nuovo record aggiunto.

ID	Cognome	Nome	Email	Telefono	Cellulare
1	Manzoni	Alessandro	ale.manzoni@libero.it	123456	111111
2	Leopardi	Giacomo	giacomo.leo@tim.it	789012	222222
3	Verga	Giovanni	giovanni.verga@hotmail.it	987654	333333

SEGRETO n. 2: includi sempre in ogni tabella una chiave primaria che identifichi in modo univoco i vari record.

Il linguaggio PHP può gestire numerosi tipi di database, tra cui il **MySQL**.

http://www-it.mysql.com/

MySQL è il sistema di gestione database open-source più utilizzato al mondo, grazie alla sua velocità e professionalità, inoltre è multipiattaforma (viaggia sui principali sistemi operativi), ha enormi capacità di immagazzinamento dati, permette l'accesso contemporaneo di più utenti ecc., tutte caratteristiche indispensabili per un portale e-commerce.

Il linguaggio PHP comprende numerose funzioni per gestire efficientemente i database MySQL, le più importanti non sono tante e sono anche molto semplici. Le principali operazioni che si svolgono nei database sono:

- apertura/chiusura connessione a MySQL;

- creazione dei database;
- creazione delle tabelle;
- gestione dei campi;
- gestione dei record.

SEGRETO n. 3: il PHP possiede tutte le funzione per gestire completamente i database MySQL che risultano i migliori.

Per facilitarti la comprensione sulla gestione dei database MySQL, ti illustrerò la gestione completa della tabella "rubrica" che ti ho illustrato in precedenza, composta dai campi: Cognome, Nome, Email, Telefono e Cellulare.

RUBRICA			
DESCRIZIONE	**CAMPO**	**LUNGHEZZA**	**TIPO**
Identificativo	id	numerico	10
Cognome	cognome	testo	30
Nome	nome	testo	30
Email	email	testo	40
Telefono	telefono	numerico	10
Cellulare	cellulare	numerico	10

Innanzitutto, prima di gestire qualsiasi operazione con un database occorre **aprire una connessione** con lo stesso e al termine chiuderla. Per effettuare queste operazioni di connessione, occorre innanzitutto conoscere alcuni dati:

- host IP del server che gestisce il database;
- user nome dell'utente a cui è consentito gestirli;
- password password dell'utente amministratore (user);
- database nome del database da gestire.

Questi dati vengono indicati dal provider che fornisce lo spazio web e il servizio PHP e MySQL, ma nel caso di test nel tuo computer (che vedrai nei prossimi capitoli), dovrai impostare le variabili in questo modo:

```
<?
$host="localhost";
$user="root";
$password="";
$database="prova";
$connessione=mysql_connect($host,$user,$password); // apre la connessione
… operazioni su database e tabelle
mysql_close($connessione); // chiude la connessione
?>
```

Come puoi vedere da questo script commentato, l'istruzione "mysql_connect" apre la connessione, dopodichè puoi eseguire tutte le operazioni di gestione ed al termine dovrai chiudere la connessione utilizzando “mysql_close”.

Ora che sai come aprire una connessione, puoi passare alla **creazione del database**. Per fare ciò dovrai lanciare delle istruzioni SQL e nell’ambito del linguaggio PHP, la funzione e la sintassi che ti consente di inviarle è:

```
mysql_query(istruzione,$connessione);
```

La variabile “connessione” contiene appunto l’identificativo della connessione che hai visto in precedenza con l’istruzione “mysql_connect”, mentre il parametro “istruzione” contiene i comandi SQL da inviare al sistema per gestire i database.

In genere questi comandi SQL vengono prima inseriti in una variabile (ad esempio “sql”) e poi viene lanciata l’istruzione “mysql_query”. Ad esempio per creare un database:

```
$sql="CREATE DATABASE “.$database;
mysql_query($sql,$connessione);
```

In questo caso, con questa istruzione, abbiamo creato un solo database, ma comunque per gestirlo occorrerà richiamarlo, operazione possibile con la seguente istruzione PHP:

```
mysql_select_db($database);
```

A questo punto puoi **creare la tabella** "rubrica" con i campi definiti in precedenza:

```
$sql="CREATE TABLE rubrica (
id INT(10) UNSIGNED NOT NULL AUTO_INCREMENT,
cognome CHAR(30),
nome CHAR(30),
email CHAR(40),
telefono INT(10),
cellulare INT(10),
PRIMARY KEY (id))";
mysql_query($sql,$connessione);
mysql_close($connessione);
?>
```

Anche se può sembrarti difficile è molto semplice. Nella prima riga appare l'istruzione SQL "create table rubrica" che serve appunto a creare la nuova tabella denominata "rubrica". Nelle righe successive vengono definiti i campi: il nome, il tipo (INT rappresenta un campo numerico e CHAR un campo testuale) e la lunghezza (definita tra le parentesi tonde).

In particolare, la seconda riga definisce il campo "id" cioè l'identificativo univoco (chiave primaria) di ciascun record, a cui è stato impostato che non deve essere vuoto (NOT NULL) e dovrà incrementarsi automaticamente ad ogni nuovo record (AUTO_INCREMENT):
id INT(10) UNSIGNED **NOT NULL AUTO_INCREMENT**

Inoltre, verso la fine dello script, con l'istruzione "PRIMARY KEY (id)" viene appunto definito che il campo "id" è una chiave primaria.

PRIMARY KEY (id)

Ora che hai creato una tabella puoi **inserire dei dati** (definiti record o righe). Ricorderai che in precedenza ti ho spiegato che le operazioni di input gestite nell'ambito del web, avvengono attraverso i form. Quindi anche in questo caso dovrai realizzare una maschera affinché l'utente possa inserire dei dati all'interno:

Cognome
Nome
Email
Telefono
Cellulare

OK

Il codice HTML che consente la realizzazione del form con i campi per una rubrica, non è per niente diverso da quello che ti ho mostrato in precedenza:

```
<form method="post" action="registra_dati.php">
<table border="0">
<tr>
<td align="left">Cognome</td>
<td align="left"><input type="text" name="cognome" maxlength="30" size="30"></td>
</tr>
```

```
<tr>
<td align="left">Nome</td>
<td align="left"><input type="text" name="nome"
maxlength="30" size="30"></td>
</tr>
<tr>
<td align="left">Email</td>
<td align="left"><input type="text" name="email"
maxlength="40" size="40"></td>
</tr>
<tr>
<td align="left">Telefono</td>
<td align="left"><input type="text" name="telefono"
maxlength="10" size="10"></td>
</tr>
<tr>
<td align="left">Cellulare</td>
<td align="left"><input type="text" name="cellulare"
maxlength="10" size="10"></td>
</tr>
</table>
```

```
<br>
<input type="submit" value="OK">
</form>
```

Come vedi il parametro "action" riporta allo script PHP denominato "registra_dati.php" che consentirà appunto la registrazione dei dati indicati dall'utente nella tabella. Il codice PHP che permetterà questa operazione di registrazione dei dati è il seguente:

```
<?
$host="localhost";
$user="root";
$password="";
$database="prova";
$connessione=mysql_connect($host,$user,$password);
mysql_select_db($database);
$sql="INSERT INTO rubrica
(cognome,nome,email,telefono,cellulare) VALUES
('".$cognome."','".$nome."','".$email."','".$telefono."','".$cellulare.
"')";
mysql_query($sql,$connessione);
```

```
mysql_close($connessione);
?>
```

A parte le istruzioni che già hai visto in precedenza c'è solo il nuovo comando SQL che consente di inserire record nelle tabelle, cioè "INSERT TO", la cui sintassi è la seguente:

```
INSERT INTO tabella (campo1,campo2) VALUES ('dati campo1','dati campo 2')
```

Non farti spaventare dalla complicata sintassi delle istruzioni MySQL. Ricorda che hai a disposizione e in regalo script pronti e personalizzabili, con cui potrai gestire facilmente qualsiasi tabella, variando semplicemente i nomi dei campi.

Ora che hai a disposizione lo script per inserire i record nella tabella, vediamone un altro che ne consente la **lettura**:

```
<?
$host="localhost";
$user="root";
$password="";
$database="prova";
```

```
$connessione=mysql_connect($host,$user,$password);
mysql_select_db($database);
$sql="SELECT * FROM rubrica";
$risultato=mysql_query($sql,$connessione);
$numero_record=mysql_num_rows($risultato);
print "<br>Numero record: ".$numero_record;
print "<b><br>ID ; Cognome ; Nome ; Email ; Telefono ;
Cellulare ; </b>";
while ($riga=mysql_fetch_row($risultato))
{
print "<br>".$riga[0]." ; ".$riga[1]." ; ".$riga[2]." ; ".$riga[3]." ;
".$riga[4]." ; ".$riga[5]." ; ";
}
mysql_close($connessione);
?>
```

In questo script ho posto in grassetto le nuove istruzioni. Innanzitutto vi è il comando:

```
$sql="SELECT * FROM rubrica";
```

Questa istruzione SQL serve a selezionare i campi da una tabella. In questo caso sono stati selezionati tutti i campi, lo evinci dall'asterisco (che indica appunto tutti) e la tabella in cui prelevare i record è "rubrica", il cui nome è indicato dopo "FROM". Mettiamo che tu voglia selezionare solo alcuni record, ad esempio quelli col cognome "Rossi", dovrai aggiungere l'istruzione "WHERE" che serve a "filtrare" i record, nel seguente modo:

SELECT * FROM rubrica **WHERE cognome='rossi'**

Un'altra nuova funzione PHP che hai trovato nello script è "mysql_num_rows" che indica il numero dei record che sono stati trovati nella tabella, con le caratteristiche richieste:

```
$numero_record=mysql_num_rows($risultato);
```

Nello script hai notato la presenza di una istruzione iterativa "while" che ripete un ciclo di istruzioni fin quando ci sono record presenti con le caratteristiche scelte. Inoltre nella condizione indicata in “while” vi è il comando PHP “mysql_fetch_row” estrae i record dalla tabella e li pone nell’array “riga”:

```
while ($riga=mysql_fetch_row($risultato))
```

Infatti l’istruzione all’interno del ciclo “while” è quella di mostrare allo schermo i record della tabella di ciascun campo:

riga[0] → ID
riga[1] → Cognome
riga[2] → Nome
…

Mettiamo che nella tabella “rubrica” tu abbia inserito dei record, però hai commesso uno sbaglio, ad esempio hai indicato il telefono in modo errato, come puoi modificare questo record? L’istruzione SQL che consente la **modifica dei record** è “UPDATE”:

```
$sql="UPDATE rubrica SET telefono='12345' WHERE cognome='Rossi'";
mysql_query($sql,$connessione);
```

In pratica questa istruzione modifica il telefono impostandolo a "12345" al cognome "Rossi" della tabella "rubrica". L'istruzione invece che consente di **cancellare uno o più record** da una tabella è "DELETE":

```
$sql="DELETE FROM rubrica WHERE cognome='Rossi'";
mysql_query($sql,$connessione);
```

Questa istruzione cancella tutti i record che hanno come cognome "Rossi".

SEGRETO n. 4: le principali operazioni MySQL sono apertura e chiusura connessione, creazione dei database e delle tabelle e gestione dei campi e dei record.

Prima di passare al capitolo successivo, potresti esercitarti a realizzare degli script che hanno lo scopo di gestire delle altre tabelle, proprio come finora ti ho illustrato con quella della "rubrica". L'esercitazione che ti propongo consiste nel realizzare degli script (che troverai inclusi come bonus omaggio), con la funzione di gestire due tabelle che sono alla base di un sito e-commerce: iscritti e vendite. Per ciascuna di queste tabelle, i cui dettagli li vedrai in seguito, dovrai creare uno script per ogni gestione di operazione:

- creazione delle tabelle;
- maschera per inserimento dati;
- inserimento record;
- lettura dei record.

Anche se puoi trovarli già belli e pronti ti consiglio di ricrearli tu da zero, per assimilare i concetti illustrati finora e al termine puoi confrontarli con quelli in omaggio, per capire eventuali errori che hai commesso.

Esercizio n. 1: iscritti

Questa tabella deve contenere tutte le informazioni degli utenti che si iscrivono alla newsletter, di coloro che devono effettuare ordini (quindi potenziali clienti) e degli affiliati.

ISCRITTI			
DESCRIZIONE	**CAMPO**	**LUNGHEZZA**	**TIPO**
Identificativo	id	numerico	10
Cognome e Nome	cognome_nome	testo	40
Indirizzo / num. civ.	indirizzo	testo	40
CAP / Città / Prov.	citta	testo	50
Email	email	testo	40
Password	password	testo	40
Telefono	telefono	numerico	20
Codice Fiscale o Partita Iva	cf	testo	16
Data Iscrizione	data_iscrizione	testo	10
Da Affiliato	da_affiliato	numerico	10
Click Generati	click	numerico	10

A parte gli altri campi molto comuni, sui quali c'è poco da dire, presta attenzione a "Identificativo" che è una chiave primaria numerica che deve incrementarsi automaticamente (proprio come ho fatto con la tabella "rubrica"). Poi vi è "Data Iscrizione" che è un campo che non deve essere richiesto nel form, ma la corrispondente variabile dovrà inizializzarsi automaticamente, attraverso questa riga, che fornisce appunto la data attuale:

```
$data_iscriz=date("d-m-Y");
```

Un altro campo al quale prestare attenzione è "Da Affiliato" che indica il codice di affiliazione dell'utente che ha portato il nuovo iscritto nel sito. Infine vi è "Click Generati", che indica il numero di click generati sui prodotti col proprio codice di affiliazione.

Entrambi i campi, ispirati al potentissimo sistema della Bruno Editore, per il momento trattali come se fossero campi che indica l'utente nel form, poi nei capitoli successivi vedrai come si valorizzeranno automaticamente.

Esercizio n. 2: vendite

Questa tabella è un registro di ogni vendita che avviene nel sito.

VENDITE			
DESCRIZIONE	**CAMPO**	**LUNGHEZZA**	**TIPO**
Identificativo	id	numerico	10
Data	data	testo	10
Codice Prodotto	codice_prodotto	numerico	5
Prezzo	prezzo	numerico	5
Da Affiliato	da_affiliato	numerico	10

Anche in questo caso il campo "Data" deve valorizzarsi automaticamente, con l'istruzione indicata precedentemente e inoltre anche il campo "Da Affiliato" lo devi trattare come una comune informazione richiesta nel form.

SEGRETO n. 5: le tabelle universali utilizzate nell'ambito dell'e-commerce sono quelle relative agli iscritti e alle vendite.

RIEPILOGO DEL GIORNO 3:

- SEGRETO n. 1: i database sono un insieme di tabelle, che rappresentano il sistema più efficace per l'archiviazione dei dati in modo strutturato.
- SEGRETO n. 2: includi sempre in ogni tabella una chiave primaria che identifichi in modo univoco i vari record.
- SEGRETO n. 3: il PHP possiede tutte le funzione per gestire completamente i database MySQL che risultano i migliori.
- SEGRETO n. 4: le principali operazioni MySQL sono: apertura e chiusura connessione, creazione dei database e delle tabelle e gestione dei campi e dei record.
- SEGRETO n. 5: le tabelle universali utilizzate nell'ambito dell'e-commerce sono quelle relative agli iscritti e alle vendite.

GIORNO 4:
Trasformare rapidamente il PC in server

Hai finalmente realizzato i tuoi primi script, ti senti già un programmatore, ma non sai come vedere i risultati delle tue opere? In precedenza ti ho già spiegato che i linguaggi per realizzare le pagine web si dividono in lato client e lato server. Per quelli lato client, ad esempio una pagina HTML, non hai nessun problema, puoi testarli tranquillamente sul tuo computer, avendo a disposizione un browser, tipo Internet Explorer o Netscape.

Per quanto riguarda quelli lato server, tipo PHP e MySQL, come ti ho spiegato in precedenza, vengono "interpretati" da un sistema che si trova appunto in un server remoto. Quindi, apparentemente, per testare uno script PHP o MySQL, dovrai acquistare un dominio web che supporti il servizio di questi due linguaggi di programmazione, trasferire i tuoi file sul sito e accedere a internet per vederli in funzione. Naturalmente questa soluzione è poco pratica. Inoltre, se hai scelto questa guida, significa che il tuo obiettivo è di creare un portale e-commerce, con cui mi auguro che possa vendere tanti prodotti e guadagnare tanti soldi!

Quindi prima di "mettere in moto" questo enorme movimento di denaro, dovrai testare scrupolosamente il "meccanismo" del tuo sito di e-commerce e certamente non potrai permetterti di farlo fare ai tuoi clienti, rischiando inesattezze amministrative.

Non so se ti sei interessato al mio precedente ebook di Guida Sicura, in ogni caso ho descritto in un capitolo l'importanza dei **sistemi di simulazione**, che in quel caso erano utilizzati per simulare imprevisti durante la guida, ma comunque sono di fondamentale importanza in diversi settori, anche nel campo medico.

Anche in questo caso, trattandosi di un sito di e-commerce, è un sistema abbastanza delicato, quindi dovrai servirti di strumenti di simulazione per testare il tuo futuro portale di successo.

SEGRETO n. 1: i sistemi di simulazione riducono notevolmente gli errori sul campo.

Questa soluzione, consiste proprio nel trasformare il tuo PC in un server e poi installare i moduli che interpretano i linguaggi di programmazione web, cioè PHP e MySQL. In questo caso avresti la soluzione al tuo problema, potresti testare i tuoi script dal tuo computer di casa, senza doverli trasferire in un server remoto a pagamento. Non farti spaventare dall'idea di dover trasformare il tuo PC in un server, ti spiegherò dei sistemi per realizzare questa trasformazione in pochissimi minuti, senza avere nessuna capacità tecnica da "system administrator"!

SEGRETO n. 2: il modo migliore per testare le pagine web dinamiche consiste nel trasformare il PC in un server.

Innanzitutto, partiamo dalla scelta del server da installare nel tuo PC. Esistono numerosissimi web server: Internet Information Services della Microsoft, Zeus Web Server, Sun ONE… Tra i tanti esistenti, il più utilizzando al mondo, sia per l'affidabilità, sia per la professionalità è senza dubbio **Apache**.

http://httpd.apache.org/

Le caratteristiche che fanno di questo web server il migliore sono principalmente il fatto che è open-source, quindi viene "migliorato" continuamente da grandi programmatori, poi viaggia sui principali sistemi operativi (Windows, UNIX ecc.) e infine è molto adatto a scopi didattici, utile proprio al caso tuo.

SEGRETO n. 3: il miglior web server gratuito da installare è Apache.

Dopo esserci occupati della scelta del server, dobbiamo passare ai software interpreti degli script PHP e MySQL. In questo caso c'è poco da scegliere, questi "pacchetti" si scaricano dai siti ufficiali di questi linguaggi di programmazione:

- PHP http://www.php.net/downloads.php;
- MySQL http://dev.mysql.com/downloads/.

Finora sembra abbastanza semplice, per testare pagine web dinamiche dovrai installare nel tuo PC questi tre strumenti: Apache, PHP e MySQL. Però devi tener conto che non si tratta di semplici programmi come quelli per il disegno o l'elaborazione testi. Questi software oltre a essere installati, necessitano di numerose impostazioni e soprattutto di altrettante modifiche ai loro file di configurazione, con l'inserimento di comandi e parametri specifici. Se dai uno sguardo alla guida di installazione di PHP su Windows del sito HTML, noterai che è lunga oltre venti pagine e le procedure di configurazioni di questi tre software sono lunghe e complicate. Però esiste un soluzione molto efficace, semplice e rapida a questo problema e si chiama **XAMPP**.

http://www.apachefriends.org/it/xampp.html

XAMPP è una raccolta di software gratuiti e completi per testare dalla A alla Z le applicazioni web dinamiche. Il nome di questo software è un acronimo e sta per:

A → Apache

M → MySQL

P → PHP

P → Perl

In pratica, basterà che tu installi solo XAMPP sul tuo PC e in pochi minuti e senza altre operazioni, avrai un completo sistema per testare le tue pagine web dinamiche.

SEGRETO n. 4: installa semplicemente la raccolta di software XAMPP per testare rapidamente le applicazioni PHP e MySQL.

Già ti ho accennato che questi software viaggiano su più sistemi operativi, quindi dalla pagina del sito XAMPP dovrai andare nella sezione relativa alla piattaforma del tuo PC, che probabilmente sarà Windows, quindi dovrai andare su questo link: XAMPP for Windows. Il pacchetto operante sul sistema operativo Windows comprende i seguenti programmi:

- Apache 2.2.8;
- MySQL 5.0.51a;
- PHP 5.2.5 & PHP 4.4.8;
- phpMyAdmin 2.11.4;
- Mercury Mail Transport System v4.52;
- FileZilla FTP Server 0.9.25;
- OpenSSL 0.9.8g.

Quelli che maggiormente ti interessano sono i primi tre, cioè: Apache, PHP e MySQL, in ogni caso verranno installati anche gli altri che potranno sempre esserti utili. Una volta che sei andato nella sezione del sito di XAMPP, relativa al tuo sistema operativo, dovrai cliccare il link "Installer" che contiene il programma di installazione.

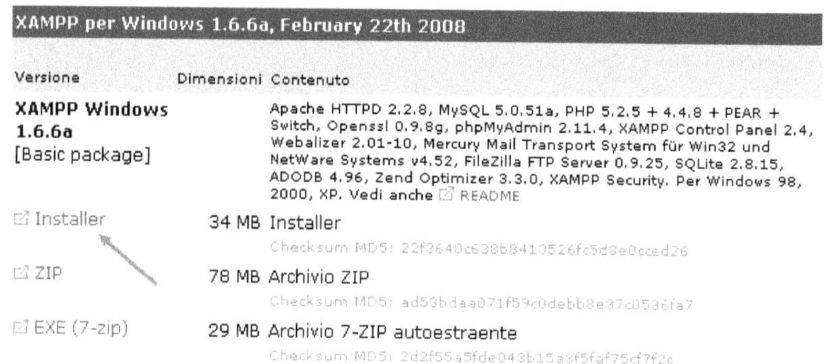

Una volta scaricato, potrai lanciarlo per procedere all'installazione. Inizialmente ti sarà richiesta la lingua e non spaventarti anche se non è presente quella italiana, poiché non dovrai leggere assolutamente niente dal programma.

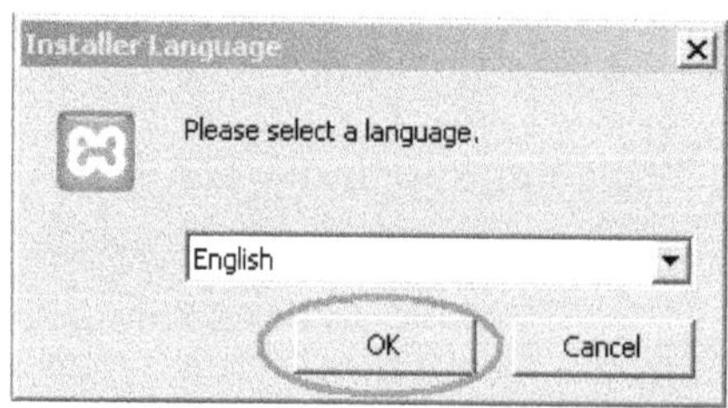

Successivamente, il programma di installazione ti chiederà di chiudere tutte le applicazioni prima di proseguire. Fatto ciò, potrai andare avanti cliccando il pulsante "Next".

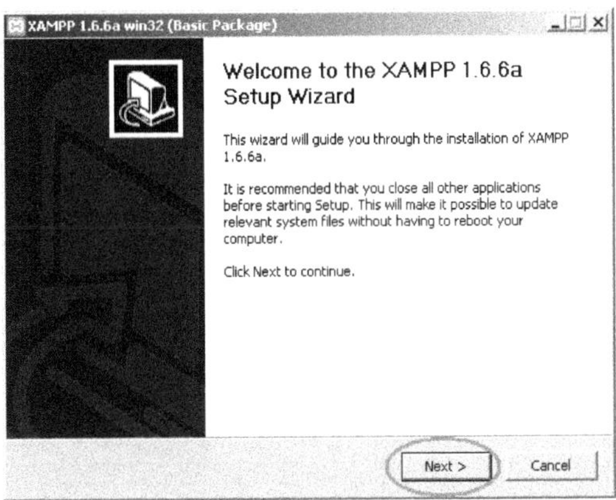

In seguito, dovrai indicare la cartella in cui sarà installato il programma (lascia quella indicata), poi verrà calcolato lo spazio necessario, dopodichè potrai cliccare su "Next".

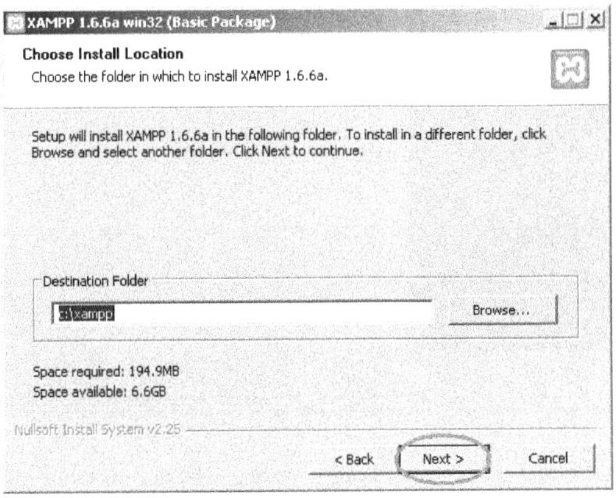

A questo punto ti verranno richieste le opzioni di installazione che ti consiglio di non modificare e cliccare direttamente su “Install”.

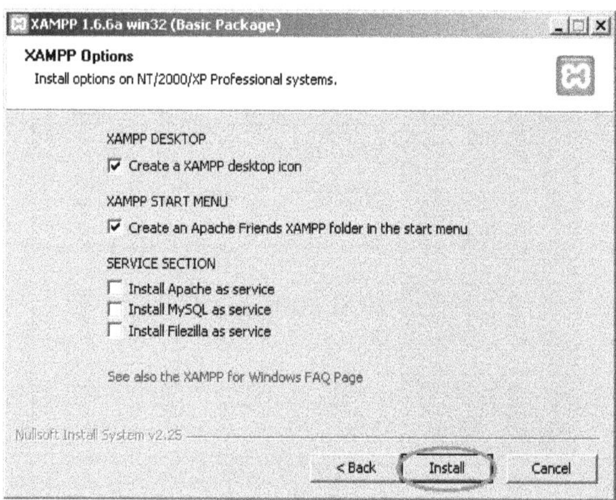

Al termine dell’installazione premi il pulsante “Finish”.

Infine ti verrà richiesto se intendi avviare subito il pannello di controllo, ma ti suggerisco di cliccare su “No”, poiché esiste un sistema ancora più semplice.

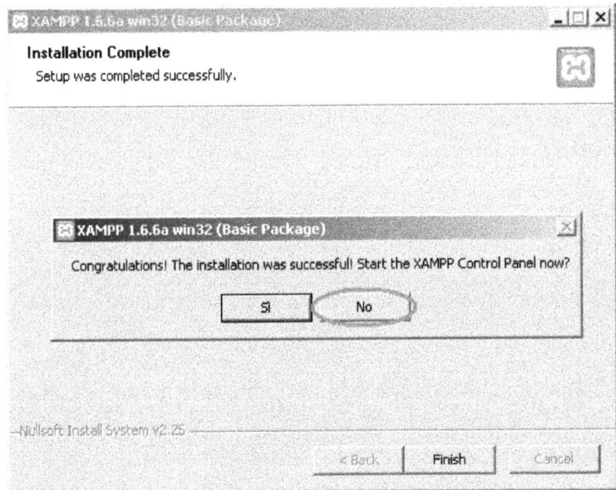

Dalla cartella “C:\xampp” lancia il programma “xampp_start”.

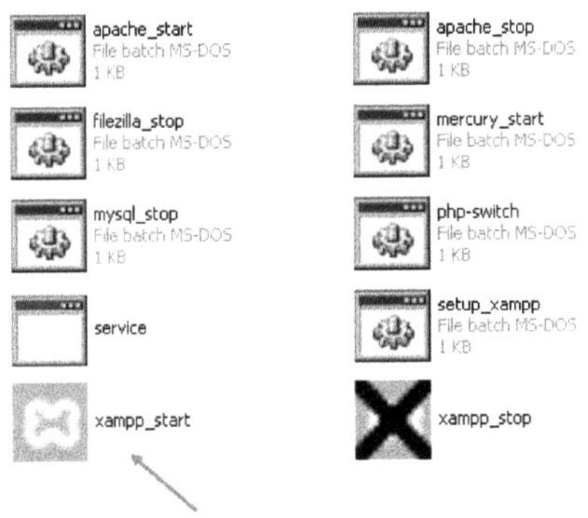

Noterai che si aprirà una finestra e dopo un po' apparirà il messaggio "APACHE + MYSQL IS STARTING NOW". Questo messaggio ti indicherà che è in funzione il server Apache e tutti i moduli aggiuntivi, cioè PHP e MySQL. Fai attenzione a non chiudere questa finestra. Durante il test dei tuoi script potrai solo ridurla a icona.

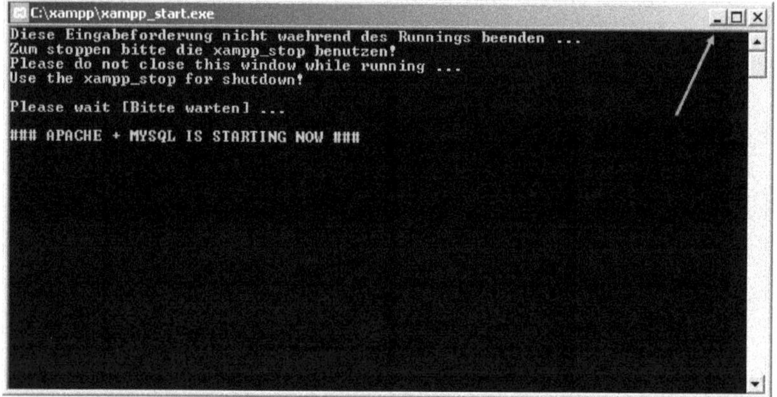

A questo punto potrai dare inizio ai test dei tuoi script che dovranno essere posti in una determinata cartella. Ti consiglio innanzitutto di creare una cartella denominata "myhome" in questo percorso: "C:\xampp\htdocs\xampp". I file da testare dovrai metterli proprio nella cartella "C:/xampp/htdocs/xampp/myhome". A questo punto potrai aprire il tuo browser, ad esempio Internet Explorer e andare nella seguente pagina: http://localhost/xampp/myhome.

Se avrai inserito all'interno della cartella indicata un file "index.php", il sistema aprirà proprio quello, poiché è il principale. Ad esempio, proprio per avere la certezza che tutto è andato bene, potresti scrivere queste poche righe, salvarle in un file di testo "index.php", metterlo nel percorso che ti ho indicato e lanciarlo dal browser:

```
<?
$data= date('D d-m-Y H:i:s');
print "Oggi è ".$data;
?>
```

Se ti apparirà sul video la data e l'ora attuale significherà che è andato tutto bene. Quando avrai terminato le operazioni di test ti sconsiglio di chiudere la finestra precedente, ma di lanciare il programma "xampp_stop" presente nella stessa cartella "C:\xampp".

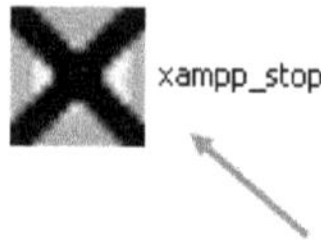

Come spesso accade con le nuove release dei software, si verifica sempre la presenza di “bug”. Siccome non sei ancora pronto per discriminare eventuali errori dovuti ai tuoi script o a problemi dei software di simulazione, ti consiglio di scaricare la versione XAMPP 1.4.5 che utilizzo personalmente, non riscontrando problemi.

Siccome si tratta di una versione più vecchia, non la troverai nel sito ufficiale, la puoi trovare con una ricerca su Google oppure la puoi scaricare a questo link. Proprio come vedi nella figura successiva, in questa pagina, dovrai cliccare su “1.4.5”, premere il tasto destro del mouse su “xampp-win32-1.4.5.zip” e scegliere l’opzione “Salva oggetto con nome”:

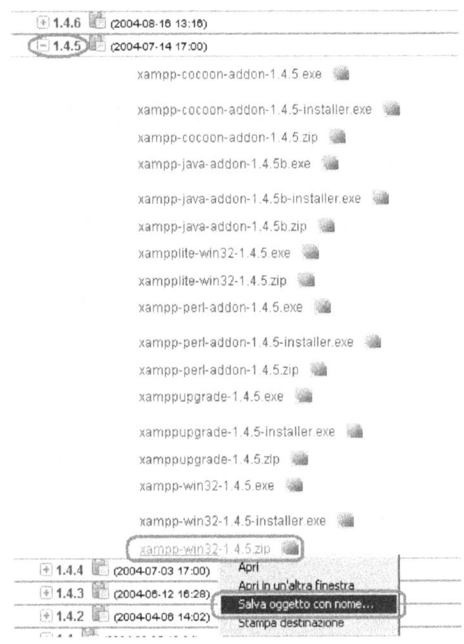

Una volta scaricato il file, dovrai decomprimerlo e a differenza della versione precendente, non dovrai effettuare alcuna installazione, dovrai avviare solo la prima volta “setup_xampp”, dopodichè, potrai lanciare direttamente i programmi “xampp_start” e “xampp_stop”.

Presta attenzione che con questa versione cambia il percorso dove porre gli script e l’indirizzo del sito per testarli:

- percorso: C:\xampp-win32-1.4.5\xampp\htdocs\myhome;
- sito: http://localhost/myhome.

Dopo che avrai fatto pratica e dopo aver testato diverse volte i tuoi script, potrai **pubblicarli in rete**. Per fare questa operazione occorre innanzitutto che tu acquisti uno spazio web. In rete sono a centinaia i provider che offrono spazio web con servizi PHP e MySQL, ma ti consiglio vivamente di scegliere quelli più affidabili, poiché ce ne sono molti che forniscono un servizio scadente e con frequenti disservizi.

Personalmente utilizzo Aruba che è molto noto e professionale, inoltre i siti costano pochissimo, circa 20 € all'anno, e ti offrono la registrazione del dominio, cinque caselle di posta elettronica, spazio web illimitato e servizio PHP. Aggiungendo un'altra misera spesa di 7 €, avrai il servizio MySQL con uno spazio per le tue tabelle di 100 Mb, ampliabile.

Non appena accedi alla home page di questo sito, dovrai cliccare il link "Hosting Windows", con cui si aprirà una pagina che ti mostrerà le caratteristiche del servizio e potrai proseguire cliccando su “Ordina”. A questo punto il sito ti chiederà il nome del tuo dominio che in caso di disponibilità potrai proseguire cliccando su “Prosegui”. A questo punto si aprirà una pagina in cui dovrai cliccare nell’area “Servizi Aggiuntivi” la voce “MySQL”, scegliere la durata del contratto e cliccare il pulsante “Assegna”. Fatto ciò potrai completare la parte burocratica, relativa al contratto, la registrazione dei dati ed il pagamento.

Alla fine di queste operazioni il sito sarà tuo! Quindi il provider ti fornirà, oltre alla login e alla password per accedere al tuo spazio web, anche le credenziali per gestire il servizio MySQL. In particolare, ti saranno forniti i dati che ti ho illustrato in precedenza:

- host → normalmente è un indirizzo IP;
- user → composto da caratteri alfanumerici;
- password → stessa cosa per user;
- database → che normalmente è già creato, dovrai solo realizzare le tabelle.

Ora che sei in possesso del tuo sito web, dovrai trasferire i tuoi file, cioè pagine HTML, script PHP, immagini, video ecc. nello spazio assegnato.

Per **trasferire le pagine web** dal tuo computer verso il tuo sito internet, devi innanzitutto scaricare un programma FPT (File Transfer Protocol, cioè protocollo di trasferimento file). In rete nei esistono tantissimi in versione freeware. Ti consiglio di scaricare FileZilla che presenta un funzionamento semplicissimo.

SEGRETO n. 5: pubblica facilmente in rete le tue pagine web col software FTP FileZilla.

Una volta installato e lanciato il programma, nella finestra principale dovrai compilare i seguenti campi:

- indirizzo ad esempio: miosito.it;
- utente la tua login fornita dal provider del sito;

- password fornita sempre dal provider.

Dopo che avrai compilato questi campi, potrai cliccare su "Connessione Veloce" e il programma mostrerà l'elenco dei file presenti sul tuo sito. A questo punto, con un'operazione di "trascinamento" potrai copiare i file dal tuo computer (sito locale) verso il tuo sito web (sito remoto).

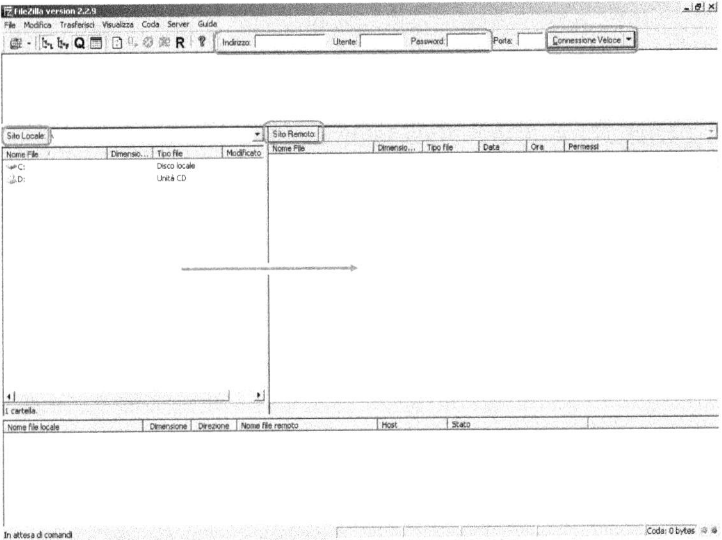

RIEPILOGO DEL GIORNO 4:

- SEGRETO n. 1: i sistemi di simulazione riducono notevolmente gli errori sul campo.
- SEGRETO n. 2: il modo migliore per testare le pagine web dinamiche consiste nel trasformare il PC in un server.
- SEGRETO n. 3: il miglior web server gratuito da installare è Apache.
- SEGRETO n. 4: installa semplicemente la raccolta di software XAMPP per testare rapidamente le applicazioni PHP e MySQL.
- SEGRETO n. 5: pubblica facilmente in rete le tue pagine web col software FTP FileZilla.

GIORNO 5:
Costruire il motore dell'e-commerce

Eccoci giunti al cuore di questa straordinaria guida che rivoluzionerà il tuo sito web statico, trasformandolo in un potentissimo portale dinamico, paragonabile ai più grandi siti di commercio elettronico presenti in rete. Finora hai visto le basi della programmazione dei siti web dinamici con il PHP e MySQL, con cui potrai già realizzare ottimi siti a elevata automatizzazione ed efficienza e con cui puoi creare applicazioni che finora probabilmente hai visto solo dall'esterno, senza mai entrare nel meccanismo.

In questo capitolo ti illustrerò le altre applicazioni comuni ai più efficaci siti di e-commerce e ti spiegherò come svilupparle con le tue mani in modo semplice e rapido, grazie a semplicissimi esempi e script già pronti per essere personalizzati a tuo piacimento. Questo importantissimo capitolo che illustra il funzionamento del motore e-commerce, l'ho suddiviso in cinque parti:

- gestione autenticazione;
- pagina amministratore;
- mailing list e newsletter;
- azioni automatiche post-pagamento;
- programmi di affiliazione.

Iniziamo dalla **gestione dell'autenticazione**. Se dovesse suonarti strana la parola autenticazione, ti dico subito che si tratta di un'operazione che fai frequentemente, soprattutto nel sito della Bruno Editore. Sto parlando della registrazione al sito e della fase di login e logout, operazioni che facilitano il compito a tutti: autori, affiliati, clienti e azienda. Infatti, con questo sistema, eviti inutili perdite di tempo nell'inserire ogni volta gli stessi tuoi dati personali per ogni operazione: comprare, richiedere informazioni, affiliarti ecc.

SEGRETO n. 1: la gestione dell'autenticazione semplifica e velocizza tutte le operazioni effettuate nei siti e-commerce.

Per gestire l'autenticazione in un sito web è necessario innanzitutto aprire una sessione, cioè predisporre una variabile comune al client e al server, in cui dovrà essere contenuta la login dell'utente, in modo da tener informato sia il computer locale sia quello remoto che in quel momento esiste o no un utente autenticato. Questa particolare variabile di sessione sarà denominata nel seguente modo:

$_SESSION['miosito']

Il primo script che consente di gestire l'autenticazione è proprio quello della registrazione degli utenti. Già nel capitolo precedente, hai visto come viene strutturata e gestita una classica tabella degli "iscritti".

ISCRITTI			
DESCRIZIONE	**CAMPO**	**LUNGHEZZA**	**TIPO**
Identificativo	id	numerico	10
Cognome e Nome	cognome_nome	testo	40
Indirizzo / num. civ.	indirizzo	testo	40
CAP / Città / Prov.	citta	testo	50
Email	email	testo	40
Password	password	testo	40
Telefono	telefono	numerico	20
Codice Fiscale o Partita Iva	cf	testo	16
Data Iscrizione	data_iscrizione	testo	10
Da Affiliato	da_affiliato	numerico	10
Click Generati	click	numerico	10

Come vedi ti ho evidenziato i campi “email” e “password”. Il primo corrisponderà proprio alla login. Nel momento in cui un utente avrà inserito i dati nel form e lo script PHP li avrà registrati nella tabella (procedure che non ti ripeterò poiché già le hai visto nelle pagine precedenti), lo stesso script PHP dovrà registrare nella variabile “session” la login dell’utente registrato, in questo caso la sua email. Questa operazione sarà possibile semplicemente aggiungendo queste righe allo script PHP:

- session_start(); // apre una sessione oppure la richiama.
- $_SESSION['miosito']=$email; // pone nella variabile di sessione l’email dell’utente registrato.

Mettiamo ora che l’utente sia già registrato, quindi ogniqualvolta dovrà accedere al sito, dovrà autenticarsi indicando la sua login e password. In questo caso dovrai creare uno script costituito da un form in cui viene richiesto all’utente la login e la password e un altro script che confronterà la correttezza di questi dati di autenticazione con quelli registrati nella tabella “iscritti” e nel caso in cui fosse vero, autenticherà l’utente ponendo nella variabile “session” la sua email.

Primo script: form-login.php

```
<form action="login2.php" method="post">
LOGIN (EMAIL)<br>
<input type="text" name="login" maxlength="40"
size="40"><br><br>
PASSWORD<br>
<input type="password" name="pwd" maxlength="40"
size="40"><br><br>
<input type="submit" VALUE="Entra">
</form>
```

Secondo script: login2.php

```
<?
$host="localhost";
$user="root";
$password="";
$database="prova";
$connessione=mysql_connect($host,$user,$password);
mysql_select_db($database);
$sql="SELECT * FROM iscritti WHERE login='".$login."' and
password='".$pwd."'";
```

```
$risultato=mysql_query($sql,$connessione);
$numero_record=mysql_num_rows($risultato);
mysql_close($connessione);
if ($numero_record ==0)
{
Print “Login o Password Errati”;
}
else
{
session_start();    // richiama la sessione
$_SESSION['miosito']=$login;
include("index.php");
}
?>
```

Il primo script è un semplice form che richiede all’utente la login e la password e la spedisce alla secondo script, cioè “login2.php”. Il secondo script si connette innanzitutto al database. Poi attraverso un’istruzione SQL ricerca tutti i record che hanno la login e la password uguale a quella indicata dall’utente:

```
$sql="SELECT * FROM iscritti WHERE email='".$login."' and password='".$pwd."'";
```

Se non trova nessun record (risultato uguale a zero) scrive sul video che la login o la password sono errati; altrimenti significa che le credenziali sono corrette, quindi imposta nella variabile “session” la login del utente e rimanda alla pagina principale (index.php). La gestione del logout, cioè l’uscita dall’autenticazione, avviene semplicemente con queste istruzioni:

```
<?
session_start();
session_destroy();
header("Location: index.php");
?>
```

La prima istruzione, richiama la sessione precedentemente aperta; la seconda serve ad azzerare la corrispondente variabile; la terza reindirizza l’utente alla home-page, cioè “index.php”. Un’altra procedura da integrare nel sito web è quella che aiuta l’utente a recuperare la password di autenticazione, nel caso in cui l’avesse dimenticata. Questo problema si risolve chiedendo all'utente di scrivere la sua login (che corrisponde alla sua email) e di restituire un messaggio con cui si comunica che la sua password è stata spedita alla sua casella di posta elettronica, in modo che soltanto lui possa leggerla.

Quindi dovrai innanzitutto creare un semplice script (recupera-password.php) che richieda la login dell'utente:

```
<form action="recupera-password2.php" method="post">
LOGIN (EMAIL)<br>
<input type="text" name="login" maxlength="40"
size="40"><br><br>
<input type="submit" VALUE="Invia">
</form>
```

Un altro script (recupera-password2.php) dovrà cercare nella tabella "iscritti" la login indicata dall'utente ed inviare una email con la corrispondente password:

```
<?
```

```
$host="localhost";
$user="root";
$password="";
$database="prova";
$connessione=mysql_connect($host,$user,$password);
mysql_select_db($database);
$sql="SELECT * FROM iscritti WHERE email='".$login."'";
$risultato=mysql_query($sql,$connessione);
$numero_record=mysql_num_rows($risultato);
$riga=mysql_fetch_row($risultato);
mysql_close($connessione);
if ($numero_record==0)
{
print "ATTENZIONE: Non esistono iscritti con l'email indicata.";
}
else
{
$oggetto = "La tua password...";
$messaggio = "La tua password è ".$riga[5]; //      la      riga      5
corrisponde proprio al campo "password" della tabella "iscritti"
mail($email, $oggetto, $messaggio);
```

```
print "La password è stata spedita nella tua casella di posta elettronica";
}
?>
```

Per raggruppare tutte queste procedure di autenticazione, occorre includere ad ogni pagina del tuo sito web uno script PHP denominato "autenticazione", che fornisca i seguenti link se nessun utente si è ancora autenticato:

Registrati - Login - Recupera Password

Oppure il seguente link, se è avvenuta l'autenticazione:

Benvenuto (Nome utente) - Logout

Lo script che raggrupperà queste funzioni (autenticazione.php) sarà il seguente:

```
<?
session_start();
```

```
if ($_SESSION['miosito']!=””)      // se è avvenuta l’autenticazione
{
print “Benvenuto “.$_SESSION['miosito'];
print ‘<br><a href="logout.php">Logout</a>’;
}
else
{
print ‘<a href="registrati.php">Registrati</a><br>’;
print ‘<a href="login.php">Login</a><br>’;
print ‘<a href="recupera-password.php">Recupera
Password</a><br>’;
}
?>
```

Ricordati che questo script, denominato “autenticazione.php”, dovrai includerlo all’inizio di ogni pagina del sito, con queste poche righe:

```
<?
include("autenticazione.php");
?>
```

In conclusione, nella variabile di sessione, avrai sempre a disposizione la “login” dell’utente registrato, pertanto, con una semplice ricerca nella tabella “iscritti” del suddetto campo, potrai reperire il resto dei dati: cognome, nome, telefono ecc.

SEGRETO n. 2: la gestione dell’autenticazione avviene con una variabile di sessione comune al client e al server, in cui è contenuta la login dell’utente autenticato.

Spesso nei siti web dinamici ci si ritrova a dover gestire delle operazioni che deve fare esclusivamente l’amministratore del sito, ad esempio creare le tabelle, visualizzare tutte le vendite realizzate ecc. Perciò risulta indispensabile creare una **pagina di amministrazione** alla quale puoi avere accesso solo tu che gestisci il sito.

Per avere l’accesso a questa sezione di amministratore, dovrai innanzitutto creare un sistema di autenticazione simile a quello illustrato in precedenza, con la differenza che sarà riservato solo a te. Innanzitutto ti consiglio di creare una cartella nel tuo sito web, denominata “admin”, in cui dovrai porre tutte le applicazioni di cui avrà accesso solo l'amministratore, ad esempio: www.miosito.it/admin. All'interno di questa cartella, dovrai innanzitutto inserire il file principale “index.php” che sarà costituito essenzialmente dal form di richiesta login e password:

```
<center>SEZIONE AMMINISTRAZIONE</center>
<br>
<form action="menu.php" method="post">
Login<input type="text" name="login" size="30"><br>
Password<input type="password" name="pwd" size="30"><br>
<input type="submit" value="Login">
</form>
```

Come puoi vedere i dati di questo form saranno trasmessi allo script “menu.php” che contiene appunto l'elenco delle applicazioni riservate all'amministratore del sito.

```
<?
include("autenticazione.php");
?>
Crea Tabelle<br>
```

```
<form action="crea-tabelle.php" method="post">
<input type="submit" value="OK">
</form>
<br>
Mostra Tutti Gli Iscritti<br>
<form action="mostra-iscritti.php" method="post">
<input type="submit" value="OK">
</form>
<br>
Mostra Tutte le Vendite<br>
<form action="mostra-vendite.php" method="post">
<input type="submit" value="OK">
</form>
<br>
```

Come vedi all'inizio di questo script, come in ogni pagina di amministrazione (crea tabelle, mostra iscritti…), dovrai includere il file "autenticazione.php", che servirà a impedire l'accesso ai non autorizzati:

```
<?
```

```
session_start();    // richiama la sessione
if ($_SESSION['miosito_admin']==true)       // se è già avvenuta
l’autenticazione
{
}
Else   // se non è ancora avvenuta l’autenticazione
{
if ($login=="login" && $pwd=="password")// se sono corrette le
credenziali indicate nel form
{
$_SESSION['miosito_admin']=true;
}
else
{
print "accesso negato";
exit;
}
}
?>
```

SEGRETO n. 3: crea una pagina di amministrazione, protetta dal sistema di autenticazione e inserisci le applicazioni che puoi eseguire solo tu.

Ora veniamo a un argomento molto interessante che ti consentirà anche di risparmiare un po' di soldi! Penso che tu abbia sentito parlare di **mailing list e newsletter**. La prima è una lista di diffusione, in pratica una rubrica con tutti gli indirizzi email, ad esempio degli iscritti del tuo sito e-commerce. Le newsletter invece sono delle lettere (email) che ti aggiornano e informano su determinate notizie. Ad esempio la newsletter della Bruno Editore offre a tutti gli iscritti notizie sui nuovi prodotti, consigli per gli affiliati, trucchi e strategie per la crescita.

Prima ho parlato di risparmio economico, poiché una newsletter costa mediamente 200 dollari all'anno che potrai risparmiare grazie agli script PHP che ti illustrerò e che potrai tranquillamente personalizzare a tuo piacimento. Innanzitutto, vi è la gestione della mailing list.

Si tratta di uno script che raccoglie i dati degli iscritti, in particolare la casella di posta elettronica, ma questo già l'hai visto nei capitoli precedenti, quando ti ho illustrato la gestione della tabella "iscritti". In pratica, ogniqualvolta un utente si registrerà fornirà la sua email che potrai sfruttare per inviare newsletter.

Per quanto riguarda la gestione delle newsletter, dovrai creare un semplicissimo script che invii una email preimpostata da te a tutti gli utenti della tabella "iscritti".

```
<?
$host="localhost";
$user="root";
$password="";
$database="prova";
$connessione=mysql_connect($host,$user,$password);
mysql_select_db($database);
$sql="SELECT * FROM iscritti";
$risultato=mysql_query($sql,$connessione);
while ($riga=mysql_fetch_row($risultato))
{
$destinatario=$riga[4];          // corrisponde al campo "email"
```

```
$mittente=”From:miosito@miosito.it”;
$oggetto=”oggetto”;
$messaggio=”testo del messaggio”;
mail($destinatario,$oggetto,$messaggio,$mittente) ;
}
mysql_close($connessione);
?>
```

Ti consiglio di lanciare questo script, in orario di basso traffico, ad esempio in tarda serata, per evitare sovraccarichi al server del provider e conseguenti mancati recapiti dei messaggi.

SEGRETO n. 4: sfrutta i dati contenuti nella tabella degli iscritti come mailing list e utilizza uno script con funzione “mail” ciclica come sistema newsletter.

Un’operazione fondamentale da gestire nei siti di e-commerce è la gestione del pagamento. Se tu hai letto il famosissimo libro di Giacomo Bruno “Fare Soldi Online”, probabilmente saprai che il modo più efficace per accettare pagamenti sul proprio sito è quello di aprire gratuitamente un conto PayPal.

Con questo strumento puoi procedere alla creazione di un pulsante “Paga Adesso”, andando nell’apposita sezione ed indicando i dettagli (descrizione, prezzo…) del prodotto o del servizio che intendi vendere. Al termine, il sistema ti fornirà uno script HTML, tipo come il seguente, tratto appunto dal sito Paypal, che dovrai inserire nel tuo sito:

Esempi di codice HTML e variabili per i pulsanti Paga adesso e Carrello

Codice HTML e variabili dei pulsanti PayPal Paga adesso e Donazioni

```
<input type="hidden" name="image_url" value="https://www.iltuosito.com/logo.gif">
<input type="hidden" name="cancel_return"
value="http://www.iltuosito.com/annulla.htm">
<input type="hidden" name="no_note" value="0">
<table>
     <tr>
        <td>
           <input type="hidden" name="on0" value="Color?">Colore?
           <select name="os0">
              <option value="Red">Rosso
              <option value="Green">Verde
              <option value="Blue">Blu</select>
        </td>
     </tr>
</table>
<input type="hidden" name="cn" value="Come hai saputo di noi?">
<input type="image" src="http://images.paypal.com/images/x-click-but01.gif"
name="submit" alt="Effettua i tuoi pagamenti con PayPal. È un sistema rapido,
gratuito e sicuro.">
</form>
```

Attraverso questo script, sul tuo sito apparirà un pulsante denominato “Paga Adesso” che se cliccato, aprirà una pagina in cui l’utente potrà effettuare il pagamento, che sarà accreditato sul tuo conto Paypal. Come vedi è un sistema semplicissimo, ogni qualvolta ricevi un pagamento il sistema ti spedisce una email con i dati del cliente e a questo punto potrai spedirgli il tuo prodotto in vendita, ad esempio un ebook.

Questo processo però può essere ulteriormente automatizzato attraverso uno script PHP che consente delle **azioni automatiche post-pagamento**. In pratica, potresti fare in modo che ogni qualvolta un pagamento andasse a buon fine, automaticamente al tuo cliente dovesse giungere un'email del tipo: «Grazie per aver acquistato la guida XXX. Per scaricarla sul tuo computer vai sul link: www.miosito.it/xxx.zip».

Questa procedura si chiama Integrazione della Gestione degli Ordini ed è spiegata dettagliatamente in un file PDF, nel sito di Paypal. In ogni caso te la sintetizzo brevemente. Innanzitutto, nel codice HTML che ti fornisce il sistema in seguito alla creazione di un pulsante "Paga Adesso", dovrai aggiungere questa riga:
<input type="hidden" name="notify_url" value="**http://www.miosito.it/notifica.php**">

Questa riga significa che in seguito a un pagamento, il sistema dovrà lanciare uno script (in questo caso è "www.miosito.it/notifica.php").

Lo script "notifica.php" il cui codice, lo trovi sempre nella guida PDF di Paypal che ti ho indicato in precedenza e che comunque ti ho allegato negli script già pronti, non fa altro che creare un registro, cioè un file formato testo, contenente tutte le operazioni di pagamento ricevute, proprio come questo, tratto dalla guida di Paypal:

Inoltre puoi personalizzare tranquillamente questo script, aggiungendo le tue istruzioni PHP, da eseguire in seguito al pagamento, ad esempio inviare un'email al cliente simile a quella precedente per consentirgli di scaricare l'ebook, inoltre potrai aggiornare la tabella "vendite" che ti ho illustrato in precedenza.

Nello script che troverai nel report omaggio, tratto dal sito Paypal, è indicato con un commento la parte in cui potrai inserire le tue istruzioni PHP.

SEGRETO n. 5: sfrutta lo script fornito da Paypal per eseguire azioni automatiche post-pagamento.

L'ultima parte di questo fondamentale capitolo è la gestione dei **programmi di affiliazione**. Prendiamo come esempio il programma di affiliazione numero uno in Italia: Bruno Editore.

Come ben saprai, quando pubblicizzi un prodotto della Bruno Editore devi allegare all'URL del prodotto il tuo codice di affiliazione, affinché il sistema identifichi l'affiliato e ti riconosca la provvigione:http://www.seduzione.net/?**pp=10808**. Questo codice viene riconosciuto e viene memorizzato nei **cookie**, cioè dei file che memorizzano alcune informazioni ricavate dai browser. A questo punto uno script PHP non dovrà fare altro che riconoscere questo codice di affiliazione presente nel link, memorizzarlo nei cookie (assegnando ad esempio una durata pari a 30 giorni o 10 anni) e in caso di vendita, impostare il contenuto del campo "da_affiliato" della tabella "vendite", il codice di affiliazione:

VENDITE			
DESCRIZIONE	**CAMPO**	**LUNGHEZZA**	**TIPO**
Identificativo	id	numerico	10
Data	data	testo	10
Codice Prodotto	codice_prodotto	numerico	5
Prezzo	prezzo	numerico	5
Da Affiliato	da_affiliato	numerico	10

Lo stesso vale anche per la tabella "iscritti", che come ricorderai presenta lo stesso campo "da_affiliato", necessario per far guadagnare dai propri sotto-affiliati. Ecco un semplice script (identifica-affiliato.php), da includere in ogni pagina del sito per estrarre il codice di affiliazione e memorizzarlo nei cookie:

```
<?
$codiceaffiliazione=$_GET['codice'];
setcookie( "affilmiosito",$codiceaffiliazione,time()+2592000);
?>
```

Il codice di affiliazione viene estratto tramite l'istruzione "GET", ponendo ad esempio:
www.miosito.it/?codice=12345.

L'impostazione del cookie viene fatta con la funzione "setcookie", in cui viene indicato: il nome del cookie, il valore (impostandolo col codice di affiliazione), e la durata, che in questo caso è l'ora attuale più 2.592.000 secondi che equivalgono a 30 giorni. Quando dovrai inserire un record nella tabella "iscritti" o "vendite" basterà che tu valorizzi il campo "da_affiliato" con questa riga che legge il codice di affiliazione dal cookie:

```
$da_affiliato=$HTTP_COOKIE_VARS["affilmiosito"];
```

A fine mese potrai pagare gli affiliati, con uno script che mostri il contenuto dei record della tabella "vendite", ordinandoli per codice di affiliazione, con l'istruzione "order":

```
SELECT * FROM vendite ORDER BY da_affiliato
```

SEGRETO n. 6: gestisci il sistema dell'affiliazione, memorizzando l'identificativo dell'affiliato nei file cookie.

RIEPILOGO DEL GIORNO 5:

- SEGRETO n. 1: la gestione dell'autenticazione semplifica e velocizza tutte le operazioni effettuate nei siti e-commerce.
- SEGRETO n. 2: la gestione dell'autenticazione avviene con una variabile di sessione comune al client ed al server, in cui è contenuta la login dell'utente autenticato.
- SEGRETO n. 3: crea una pagina di amministrazione, protetta dal sistema di autenticazione e inserisci le applicazioni che puoi eseguire solo tu.
- SEGRETO n. 4: sfrutta i dati contenuti nella tabella degli iscritti come mailing list e utilizza uno script con funzione "mail" ciclica come sistema newsletter.
- SEGRETO n. 5: sfrutta lo script fornito da Paypal per eseguire azioni automatiche post-pagamento.
- SEGRETO n. 6: gestisci il sistema dell'affiliazione, memorizzando l'identificativo dell'affiliato nei file cookie.

GIORNO 6:
Indispensabili applicazioni PHP

La creazione di un sito e-commerce, comporta la realizzazione di alcune applicazioni secondarie che in realtà sono di vitale importanza. Spesso in alcuni siti avrai notato che ci sono delle applicazioni che a te non dicono nulla o non ti risultano utili, ma in realtà contribuiscono in maniera straordinaria in aiuto all'amministratore del sito.

Le applicazioni di cui ti parlo sono cinque:

- contatore di visite;
- contatore utenti online;
- contatori di click statistici;
- sondaggi;
- download e upload file.
-

Quante volte hai visto questa frase: «Sei il visitatore numero xxxx». Si tratta di una applicazione denominata **contatore di visite**, indispensabile sia ai fini statistici, sia ai fini di marketing.

Probabilmente penserai che è inutile realizzare uno script PHP per gestire i contatori di visite, poiché in rete sono a decine i siti che offrono gratuitamente questo servizio, tra cui il migliore è senz'altro ShinyStat.

È vero che questo importante sito offre il servizio di contatore e report gratuiti, ma è pur vero che vale solo per i siti "no profit", esattamente l'opposto del tuo caso! Inoltre, sempre nel caso di scelta del servizio gratuito, l'applicazione è limitata a massimo 1.000 pagine visitate al giorno (che mi auguro che tu possa superare!), oltre questi valori dovrai utilizzare le versioni "Pro" e "Business" entrambe a pagamento.

Quindi anche in questo caso, con un semplice script risparmierai un bel po' di soldi! Passiamo dunque alla parte tecnica. Un semplice script PHP che gestisce un contatore di visite, è il seguente:

```
<?
if (!file_exists("contatore.txt"))    // verifica se esiste il file
"contatore.txt"
```

```
{
$file=fopen("contatore.txt","w");  // apre il file in sola scrittura
$num=0;
}
else
{
$file=fopen("contatore.txt","r+"); // apre in lettura e scrittura
$num=fgets($file,20); // legge i primi 20 caratteri del contenuto del file
}
$num++;
print("visitatore numero: ".$num);
fputs($file,$num);
fclose($file);
?>
```

In questo script noterai la presenza di diverse funzioni nuove, tutte aventi lo stesso scopo: gestire i file. Innanzitutto viene utilizzata la funzione “file_exists” nell’istruzione condizionale che verifica se esiste un file di testo denominato “contatore.txt”, in cui sarà memorizzato il totale dei visitatori del tuo sito. Se non esiste, attraverso la funzione “fopen” aprirà un file in modalità scrittura (poiché è stato utilizzato il parametro “w” che sta per “write”). In questo caso, visto che è inesistente, ne creerà uno nuovo e imposterà la variabile “num” che contiene il totale delle visite, uguale a zero. Se invece il file esiste, lo aprirà in modalità lettura e scrittura (parametro “r+”) e metterà il suo contenuto, con la funzione “fgets”, nella variabile “num”. Successivamente incrementerà di uno il valore della variabile “num”, apparirà sul video il contenuto di questa variabile (che corrisponde al totale dei visitatori) e con la funzione “fputs” aggiornerà il nuovo valore nel file “contatore.txt” e lo chiuderà con la funzione “fclose”.

SEGRETO n. 1: realizza un contatore di visite, memorizzando in un file di testo il numero totale di visitatori che si incrementano ad ogni accesso.

Questo script però presenta uno svantaggio, cioè questo contatore si incrementerà sempre, anche se si tratta dello stesso utente che visita più volte la stessa pagina e questo non risulta utile ai fini statistici. Per realizzare un contatore di visitatori unici è necessario modificare lo script precedente aggiungendo qualche altra funzione:

```
<?
if (!file_exists('contatore.txt'))
{
$file=fopen(' contatore.txt','w');
fwrite($file,'1');
}
$file = fopen('contatore.txt','r');          // apre in solo lettura
$num = fgets($file);
$host = $HTTP_SERVER_VARS["HTTP_HOST"];
$referer=$HTTP_SERVER_VARS['HTTP_REFERER'];
if(!strstr($referer,$host))
{
$num++;
$file = fopen(' contatore.txt','w');
fwrite($file,$num);
}
print 'Visitatore n. '.$num;
?>
```

Lo script è pressappoco uguale a quello precedente, ti ho posto in grassetto le funzioni che rendono questo contatore funzionante solo con visitatori unici:

```
$host = $HTTP_SERVER_VARS["HTTP_HOST"];
$referer=$HTTP_SERVER_VARS['HTTP_REFERER'];
if(!strstr($referer,$host))
```

La prima riga pone nella variabile "host" il nome dell'host su cui è in esecuzione lo script. La seconda pone nella variabile "referer" la pagina HTML fonte, da cui l'utente è venuto a conoscenza dell'attuale pagina.

La terza riga opera un confronto tra i due (con la funzione "strstr"), in modo che se hanno una parte di contenuto uguale, vuol dire che si tratta sempre dello stesso utente e quindi non procederà all'incremento della variabile "num".

SEGRETO n. 2: per realizzare un contatore di visitatori unici, confronta il contenuto del nome dell'host con la pagina fonte.

Un altro tipo di indicatore da inserire nei siti web, in particolare quelli e-commerce ai fini di marketing, è il **contatore utenti online**. Questo contatore indica appunto quanti utenti sono in linea sul sito in quel momento. Per gestire un simile contatore è necessario creare una tabella in cui inserire tutti gli IP degli utenti che si collegano alla pagina e l'ora in cui si collegano. Il numero di utenti online corrisponderà proprio al numero di record della tabella, naturalmente bisognerà escludere gli IP uguali, poiché potrebbe essere che un utente, nello stesso periodo, abbia visto più volte la pagina web.

Quindi innanzitutto dovrai creare una tabella avente i seguenti campi:

- IP → 15 caratteri;
- data → 20 caratteri (dovrà contenere la data e l'ora).

A questo punto potrai gestire il contatore con questo script:

```
<?
$host="localhost";
$user="root";
```

```
$password="";
$database="prova";
$connessione=mysql_connect($host,$user,$password);
mysql_select_db($database);
$data = date("Y/m/s H");
$ip = getenv(REMOT_ADDR);    // ip del visitatore
$sql="INSERT INTO visitatori (ip,data) VALUES
('".$ip."','".$data."')";
mysql_query($sql,$connessione);
$sql="SELECT ip,data FROM visitatori GROUP BY ip,data";
$numero_record=mysql_num_rows($risultato);
print "Visitatori online".$numero_record;
mysql_close($connessione);
?>
```

Come vedi lo script inserisce nella tabella tutti gli IP dei visitatori, dopodichè, utilizzando l'istruzione "GROUP BY" insieme a "SELECT", verranno selezionati solo una volta i record con lo stesso IP e stessa data e ora. In questo modo, il numero di record corrisponderà proprio ai visitatori online.

SEGRETO n. 3: il contatore degli utenti online registra i dati dei visitatori in una tabella e calcola il numero di record, presi una sola volta se hanno lo stesso IP e stessa ora.

Altri indicatori fondamentali da gestire, sono i **contatori di click statistici**. Questi contatori sono molto utili per capire quanti click abbiano ricevuto i prodotti che hai in vendita, così, conoscendo anche il numero di vendite generate, potrai calcolare la percentuale di conversione. Inoltre, sarà una parte da gestire soprattutto se attiverai un programma di affiliazione per i tuoi prodotti, poiché dovrai indicare ai tuoi affiliati il numero di click che hanno portato sul sito.

Un buon contatore di click statistici, lo puoi ottenere sfruttando il primo script PHP che ti ho illustrato per gestire semplicemente un contatore visite, modificando il nome del file di testo, magari indicandone uno per ogni prodotti che hai in vendita:

```
<?
if (!file_exists($file-contatore))
{
```

```
$file=fopen($file-contatore,"w");
$num=0;
}
else
{
$file=fopen($file-contatore,"r+");
$num=fgets($file,20);
}
$num++;
fputs($file,$num);
fclose($file);
?>
```

Per non farti creare uno script “contatore.php” per ogni prodotto che venderai, ho impostato il nome del file che contiene il numero di visite in una variabile, in modo che potrai richiamare questo script, dopo aver impostato il nome del file relativo al contatore di un determinato prodotto, in una variabile. Ad esempio:

```
<?
$file-contatore=”contatore-ebook-pnl.txt”;
```

```
include("contatore.php");
?>
```

Inoltre, come già ti ho spiegato, dovrai gestire anche il calcolo dei click generati dagli affiliati, infatti come hai visto in precedenza, la struttura della tabella “iscritti” include un campo denominato “click generati”:

ISCRITTI			
DESCRIZIONE	**CAMPO**	**LUNGHEZZA**	**TIPO**
Identificativo	id	numerico	10
Cognome e Nome	cognome_nome	testo	40
Indirizzo / num. civ.	indirizzo	testo	40
CAP / Città / Prov.	citta	testo	50
Email	email	testo	40
Password	password	testo	40
Telefono	telefono	numerico	20
Codice Fiscale o Partita Iva	cf	testo	16
Data Iscrizione	data_iscrizione	testo	10
Da Affiliato	da_affiliato	numerico	10
Click Generati	click	numerico	10

Questa operazione la potrai gestire semplicemente includendo questo script nelle pagine dei prodotti:

```
<?
$da_affiliato=$HTTP_COOKIE_VARS["affilmiosito"];// legge
dai cookie il codice di affiliazione
```

```
if ($da_affiliato != “”)
{
$host="localhost";
$user="root";
$password="";
$database="prova";
$connessione=mysql_connect($host,$user,$password);
mysql_select_db($database);
$sql="SELECT * FROM iscritti WHERE id=’”.$da_affiliato.”’”;
$risultato=mysql_query($sql,$connessione);
$riga=mysql_fetch_row($risultato);
$click=$riga[10]+1;    // click generati + 1
$sql="UPDATE iscritti SET click=’”.$click.”' WHERE
id=’”.$da_affiliato.”’”;
$risultato=mysql_query($sql,$connessione);
mysql_close($connessione);
}
?>
```

Come vedi questo script legge dai cookie il codice dell’affiliato che ha portato il cliente nel sito. Se non è vuoto, questo codice di affiliazione si collega alla tabella, legge i click accumulati dall'affiliato, ne aggiunge uno e modifica lo stesso campo col nuovo valore di click.

SEGRETO n. 4: sfrutta lo script del contatore delle visite per realizzare il conteggio dei click statistici.

La gestione dei **sondaggi** è un'altra applicazione fondamentale da integrare in un sito e-commerce, ai fini statistici e di marketing. Ad esempio, un classico sondaggio indispensabile è quello che chiede agli utenti che si registrano al sito il modo in cui lo hanno conosciuto, con relative risposte preimpostate, tipo: "Motori di Ricerca, Email, Altri Siti, Banner Pubblicitari, Passavoce, Altro ecc." Un altro sondaggio potrebbe essere il classico «Come giudichi quest'articolo?», con scelta di risposte tra: "Ottimo, Buono, Sufficiente, Mediocre, Scarso!". Infine quello utilizzatissimo da Google Adwords nella sezione "Guida": «Questa informazione ti è stata utile?» Risposte possibili: "Sì o No".

La realizzazione di un'applicazione per gestire un sondaggio si divide in tre parti: la prima, realizzabile con una pagina HTML costituita da un form che chiede il giudizio all'utente; la seconda, da realizzare esclusivamente con uno script PHP, che raccoglie e memorizza le risposte in una tabella; la terza, costituita sempre da un script PHP che legge e fornisce al video all'amministratore del sito i risultati del sondaggio.

La prima parte, cioè la gestione dei form, può essere realizzata in due forme estetiche diverse:

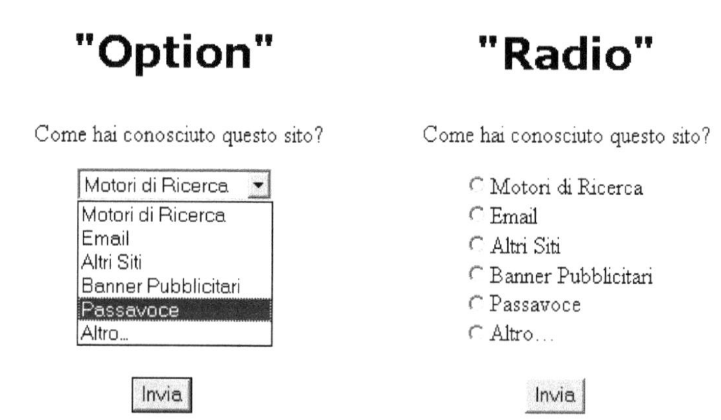

Il primo tipo presenterà il seguente codice HTML:

```
Come hai conosciuto questo sito?
<br>
<form method="post" action="sondaggio.php">
<select size="1" cols="4" name="giudizio">
<option value="1">Motori di Ricerca
<option value="2">Email
<option value="3">Altri Siti
<option value="4">Banner Pubblicitari
<option value="5">Passavoce
<option value="6">Altro…
</select>
<br>
<input type="submit" value="Invia">
</form>
```

Come vedi appaiono nuovi tag HTML ("select" e "option") che sono necessari per creare degli elenchi in cui gli utenti possono scegliere un'opzione. Il parametro "value" indicato nel tag "option" indica il valore che sarà trasmesso allo script nella variabile indicata in "name".

L'altra forma è costituita da pulsanti radio, generati ad esempio da questo codice HTML:

```
Come hai conosciuto questo sito?
<br>
<form method="post" action="sondaggio.php">
<br><input type="radio" name="giudizio" value="1">Motori di Ricerca
<br><input type="radio" name="giudizio" value="2">Email
<br><input type="radio" name="giudizio" value="3">Altri Siti
<br><input type="radio" name="giudizio" value="4">Banner Pubblicitari
<br><input type="radio" name="giudizio" value="5"> Passavoce
<br><input type="radio" name="giudizio" value="6"> Altro…
<br>
<input type="submit" value="Invia">
</form>
```

Come vedi in questo script non ci sono tag nuovi, vengono utilizzati ancora una volta i tag "input", ma col parametro "type" impostato a "radio".

Il secondo script necessario per raccogliere e memorizzare i risultati del sondaggio, prevede l'utilizzo di una tabella, che denomineremo "sondaggi". Siccome potrai avere bisogno di più di un sondaggio diverso nel sito, ti consiglio di strutturare la tabella nel seguente modo:

1° Campo → Sondaggio

2° Campo → Giudizio

In questo modo riuscirai a creare uno script "universale" per tutti i tipi di sondaggi. Ad esempio, nel caso in cui un utente abbia partecipato al sondaggio "come hai conosciuto…", verrà creato un nuovo record, in cui nel campo "sondaggio" sarà inserito "come-conosciuto" e nel campo "giudizio" sarà impostato "3" che corrisponde ad esempio a "sufficiente".

```
<?
$sondaggio=”come-conosciuto”
$host="localhost";
$user="root";
$password="";
$database="prova";
```

```
$connessione=mysql_connect($host,$user,$password);
mysql_select_db($database);
$sql="INSERT INTO sondaggi (sondaggio,giudizio) VALUES
('".$sondaggio."','".$giudizio."')";
$risultato=mysql_query($sql,$connessione);
mysql_close($connessione);
?>
```

Come vedi questo script già l'hai visto diverse volte nelle pagine precedenti: si connette al database e inserisce i dati indicati nel form nella tabella "sondaggi". Come ti ho illustrato in precedenza, il terzo script servirà a fornire all'amministratore del sito i risultati del sondaggio. Basterà strutturare lo script che selezioni dalla tabella "sondaggi" solo il sondaggio interessato, ad esempio "come-conosciuto" e contare il numero dei record per ogni tipo di giudizio:

```
<?
$sondaggio=”come-conosciuto”
$host="localhost";
$user="root";
```

```
$password="";
$database="prova";
$connessione=mysql_connect($host,$user,$password);
mysql_select_db($database);

$sql="SELECT * FROM sondaggi WHERE sondaggio='".$sondaggio."' and giudizio='1'";
$risultato=mysql_query($sql,$connessione);
$numero_record_1=mysql_num_rows($risultato);

Print "<br>Sondaggio: ".$sondaggio;
print "<br>N. Voti per Motori di Ricerca: ".$numero_record_1;
print "<br>N. Voti per Email: ".$numero_record_2;
print "<br>N. Voti per Altri Siti: ".$numero_record_3;
print "<br>N. Voti per Banner Pubblicitari: ".$numero_record_4;
print "<br>N. Voti per Passavoce: ".$numero_record_5;
print "<br>N. Voti per Altro: ".$numero_record_6;
mysql_close($connessione);
?>
```

Anche per questo script c'è poco da spiegare. Le righe che ti ho posto in grassetto devi ripeterle per sei volte, tante quanti sono i differenti tipi di giudizi, cambiando il valore del campo "giudizio" in "select" e il nome della variabile "numero_record".

SEGRETO n. 5: un'applicazione per sondaggi è costituita da un form in cui l'utente esprime il giudizio, uno script per memorizzare i risultati in una tabella e un altro che mostri i risultati all'amministratore.

L'ultima parte di questo interessante capitolo riguarda il **download e l'upload dei file**. Probabilmente già sai che il download è il trasferimento di un file dal computer remoto (server) al computer locale (client), che normalmente viene utilizzato, ad esempio, per scaricare sul PC un ebook appena acquistato. Viceversa l'upload di un file può essere utilizzato per trasmettere, ad esempio, una foto a un sito che raccoglie curriculum per un bando di concorso.

Il download è semplicissimo da gestire è già l'hai visto in questa guida nelle pagine precedenti. Basta che tu trasferisca nella directory del tuo sito il file che intendi distribuire e poi indicare all'utente il link dello stesso file, in modo che quando lo cliccherà, partirà la procedura di download. Ad esempio, attraverso questo link puoi scaricare il report omaggio "Guadagnare senza Investire" offerto dal sito della Bruno Editore: http://www.autostima.net/download/omaggi/denaroemule.zip

SEGRETO n. 6: per consentire il download ai visitatori, trasferisci il file nel sito web e fornisci agli utenti il link di quest'ultimo.

L'upload di un file prevede un'altra procedura, ma comunque semplice. Bisogna creare due script: uno HTML con cui l'utente potrà scegliere il file da inviare; l'altro in PHP che consentirà di trasferire il file dal PC locale dell'utente, al server.

Ecco il primo script:

```
<form method="post" action="upload.php"
enctype="multipart/form-data">
<input type="file" name="miofile">
```

```
<input type="submit" value="Upload">
</form>
```

Il parametro “enctype” impostato a “multipart/form-data” serve a mandare testo e dati in modo separati. Mentre il tag “input” con “type” impostato a “file” consente di aprire la classica finestra per sfogliare un file nel computer.

Il secondo script, come accennato, consentirà il trasferimento vero e proprio del file:

```
<?
$cartella = 'upload/';
$percorso = $_FILES['miofile']['tmp_name'];
$nome = $_FILES['miofile']['name'];
if (move_uploaded_file($percorso, $cartella . $nome))
{
print "Il tuo file è stato trasmesso";
}
else
{
```

```
print "Problemi di trasmissione del file";
}
?>
```

Come vedi, la trasmissione del file sarà effettuata grazie alla funzione “move_uploaded_file” che confermerà anche l’esito del trasferimento.

SEGRETO n. 7: un sistema di upload prevede un form in cui l’utente indica il file da trasferire e uno script PHP che realizza il trasferimento.

RIEPILOGO DEL GIORNO 6:

- SEGRETO n. 1: realizza un contatore di visite, memorizzando in un file di testo il numero totale di visitatori che si incrementino ad ogni accesso.
- SEGRETO n. 2: per realizzare un contatore di visitatori unici, confronta il contenuto del nome del host con la pagina fonte.
- SEGRETO n. 3: il contatore degli utenti online registra i dati dei visitatori in una tabella e calcola il numero di record, presi una sola volta se hanno lo stesso IP e stessa ora.
- SEGRETO n. 4: sfrutta lo script del contatore delle visite per realizzare il conteggio dei click statistici.
- SEGRETO n. 5: Un'applicazione per sondaggi è costituita da un form in cui l'utente esprime il giudizio, uno script per memorizzare i risultati in una tabella e un altro che mostri i risultati all'amministratore.
- SEGRETO n. 6: per consentire il download ai visitatori, trasferisci il file nel sito web e fornisci agli utenti il link di quest'ultimo.
- SEGRETO n. 7: un sistema di upload prevede un form in cui l'utente indica il file da trasferire e uno script PHP che realizza il trasferimento.

GIORNO 7:
Speciale Javascript per l'e-commerce

Praticamente hai visto l'importanza e la potenza delle applicazioni PHP e MySQL in una pagina web. Posso ulteriormente accrescere queste enormi potenzialità associando ancora un altro potentissimo strumento di programmazione: il **Javascript**.

Come ti ho accennato nelle pagine precedenti, il Javascript è un linguaggio di scripting lato client, pertanto viene interpretato dal browser installato nel PC.

Puoi stare tranquillo, sono già molti anni che questo strumento è integrato nei principali browser, quindi non corri di certo il rischio che le tue applicazioni abbiano problemi a "girare" nei computer degli altri utenti.

SEGRETO n. 1: il Javascript è un linguaggio di scripting lato client che implementa ulteriori funzioni fondamentali.

In un certo senso questo linguaggio si può paragonare all'HTML, infatti possiede una serie di tag che vengono interpretati e trasformati in azioni. Come avviene col PHP, dove bisogna informare l'interprete, che stai scrivendo istruzioni diverse dall'HTML, utilizzando i simboli "<? … ?>", anche in questo caso dovrai "avvertire" il browser. Pertanto il codice Javascript dovrà essere in incluso in questi tag:

```
<script type="text/javascript">
<!--
…
//-->
</script>
```

Spesso capita che la stessa applicazione Javascript debba essere inclusa in più pagine del sito, in questo caso converrà inserire il codice in un file con estensione "js" e richiamarlo attraverso questa funzione:

```
<script type="text/javascript" src="esempio.js">
```

Essendo un linguaggio di programmazione, le basi sono sempre le stesse: le variabili, le funzioni di input e output, gli operatori, le istruzioni condizionali e le istruzioni iterative. Cambiano solo un po' la forma e i comandi. Ad esempio, le **variabili** vengono gestite praticamente allo stesso modo del php:

x=y+1;

Le **funzioni di input e output** vengono gestite nel seguente modo:

- nome=prompt("Come ti chiami?"); // equivale a input;
- document.write("Ciao " + nome); // equivale a print;
- alert("Ciao " + nome); // un altro metodo per scrivere dati al video: apre una finestra col messaggio indicato e scompare dopo aver premuto il pulsante "ok".

Per quanto riguarda gli **operatori** basta che tu dia uno sguardo alla tabella del primo capitolo. E anche per le **istruzioni condizionali** non cambia praticamente niente rispetto al PHP:

```
if (eta >= 18)
{
alert("sei maggiorenne");
```

```
}
else
{
alert("sei minorenne");
}
```

Anche per le **istruzioni iterative** i comandi sono gli stessi:

```
for (i=1; i<=10; i++)
{
...
}

do
{
...
}
while (i<=10);
```

La principale caratteristica che rende indispensabile il Javascript nelle pagine web, è che sfrutta gli **eventi**. Un evento è qualcosa che accade nella pagina o negli elementi che la compongono. Ecco un esempio dei principali eventi e quand'è che vengono generati:

- onLoad → quando viene caricata la pagina;
- onMouseOver → quando il mouse passa sopra ad un elemento;
- onMouseOut → quando il mouse esce fuori da un elemento;
- onClick → quando clicchi col mouse un elemento;
- onSubmit → quando viene premuto il pulsante di invio dati dei form.

All'insorgenza di un evento potresti avviare una serie di istruzioni utili. Ad esempio:

<a href="http://www.autostima.net" **onMouseOver="presentazione();"**>Autostima.net</a>

In questa riga HTML che inserisce un link in una pagina, ho inserito e ti ho posto in grassetto un evento Javascript. In pratica quando l'utente andrà col mouse sopra al link, ancora prima di cliccarlo, si avvierà la funzione “presentazione” che mostrerà un messaggio all’utente.

SEGRETO n. 2: le fondamenta della programmazione del Javascript sono analoghe a quelle del PHP, ma presenta in più la gestione degli eventi.

Le **funzioni** sono un insieme di istruzioni che vanno dichiarate all’inizio della pagina, tra i tag “<head>…</head>” in questo modo:

```
function presentazione()
{
alert ("Clicca qui per accedere al sito Autostima.net");
}
```

Anche se sembra che ci sia molta analogia tra il Javascript e il PHP, risultano entrambi indispensabili, poiché l’uno completa l’altro. In pratica, esistono operazioni che non puoi gestire in modo efficiente solo col PHP e viceversa. In questo capitolo ti illustrerò dettagliatamente proprio quelle applicazioni indispensabili da inserire nei portali e-commerce, che non potrai gestire solo con l'HTML ed il PHP.

Ecco le cinque applicazioni fondamentali di cui ti parlo:

- verifiche dati form;
- aggiungere il sito ai preferiti;
- conto alla rovescia;
- finestre;
- gestire la stampa.

La prima applicazione illustrata è la **verifica dei dati dei form**. Quante volte nei siti avrai visto il messaggio di avvertimento "il cognome è obbligatorio". Ad esempio in un form di registrazione sono obbligatori diversi dati: cognome, nome, email ecc.

Visto che hai completato la parte relativa al PHP, sicuramente saresti in grado di attivare un controllo dei campi obbligatori (con l'istruzione "if") nello script che inserisce i dati nella tabella. E probabilmente ti starai chiedendo perché non farlo proprio all'interno dello script PHP, invece di sfruttare un'applicazione Javascript. La risposta te la darò subito. Mettiamo che un utente compili i dati di un form, saltando qualche campo obbligatorio e prema il tasto di trasmissione che lo rimanda allo script PHP. Lo script potrà fare questo controllo, ma quando rimanderà l'utente al form con un messaggio di avvertimento, tutti gli altri campi compilati risulteranno azzerati.

Invece, integrando un'applicazione Javascript all'interno della stessa pagina del form, il controllo avverrà prima che i dati siano trasmessi e prima che l'utente venga portato in un'altra pagina. Così facendo se dovessero esserci delle mancanze, l'utente resterà ancora nella pagina del form e i dati già compilati non saranno azzerati.

Per realizzare un sistema di controllo dei dati nel form, dovrai innanzitutto creare all'inizio della pagina una funzione che ottemperi a questa verifica:

```
<script language="JavaScript">
<!--
function controlla(form)
{
```

```
if (form.cognome.value == "" || form.nome == "" ||
form.email.value == "")
{
alert("ATTENZIONE: tutti i campi sono obbligatori.");
return false;
}
}
-->
</script>
```

Questo script controlla semplicemente che il valore del campo "cognome" (form.cognome.value) oppure il nome o l'email sono vuoti. In tal caso restituisce al form un risultato negativo (funzione "return false"). Inoltre, nel tag HTML "form", dovrai aggiungere che si attivi la funzione precedente con l'avvento dell'evento "onsubmit" che come hai visto si attiva in seguito alla pressione del tasto "invia" del form:

```
<form name="registrazione" onsubmit="return controlla(this)"
method="post" action="registrazione.php">
```

SEGRETO n. 3: il Javascript è molto efficiente per la verifica dei dati inseriti nei form.

Un'applicazione che ti consiglio vivamente di integrare nel tuo portale e-commerce o in qualsiasi altro genere di sito è quella che consente di **aggiungere il sito ai preferiti**. Questa funzione permetterà agli utenti interessati di inserire il tuo sito nell'elenco dei preferiti, in modo che lo avranno sempre davanti ai propri occhi!

Guida Sicura™
Tecniche Preventive e Correttive per Ridurre al Minimo i Rischi della Guida
Ebook 170 Pagine, di Vincenzo Iavazzo

Anche per questo script dovrai definire all'inizio della pagina una funzione che consenta l'aggiunta nell'elenco del sito. L'istruzione

Javascript che consente l'inserimento di un sito tra i preferiti è "AddFavorite":

```
<script type="text/javascript">
<!--
function aggiungipreferiti()
{
bookmarkurl="http://www.miosito.it"
bookmarktitle="Miosito.it - Il portale di e-commerce numero
uno!"
if                                        (document.all)
window.external.AddFavorite(bookmarkurl,bookmarktitle)
}
-->
</script>
```

Nella variabile "bookmarkurl" dovrai indicare l'indirizzo del sito che sarà aggiunto nei preferiti, mentre nella variabile "bookmarktitle" inserirai una breve descrizione dello stesso. Il link che consentirà ai visitatori di aggiungere ai preferiti il tuo sito, dovrà presentare questa sintassi:

<a href="javascript:aggiungipreferiti()">Aggiungi miosito.it ai preferiti</a>

SEGRETO n. 4: integra nel tuo sito un'applicazione Javascript che consente di aggiungere nei preferiti il tuo portale.

Passiamo ora a un'applicazione molto simpatica e utile: **il conto alla rovescia**. Questa applicazione è utilizzata anche dal nostro portale modello, naturalmente parlo del sito della Bruno Editore. Il sito numero uno in Italia dell'editoria sfrutta questa funzione per indicare il tempo restante al lancio di un nuovo prodotto.

Press Advertising™

Come Pubblicizzare un Sito E-Commerce su Giornali e Riviste Offline

Ebook 200 Pagine, di Vincenzo Iavazzo

DISPONIBILE dal 07 Giugno 2008

16 giorni, 7 ore, 0 minuti e 6 secondi al lancio!

Siccome per realizzare questo script occorre conoscere nel dettaglio funzioni Javascript per la gestione della data e dell'ora che non potranno mai esserti utili per il nostro scopo, ti consiglio di scaricare gratuitamente questa applicazione bella e pronta direttamente dal sito Html.it.

Nell'archivio "zip" scaricato, troverai diversi file, ma a te interessa solo quello denominato "esempio.htm". Aprendolo col blocco note di Windows potrai copiare la funzione "setcountdown" nel cui interno dovrai modificare le seguenti variabili:

- occasion → impostando il nome dell'occasione, ad esempio: "al lancio del prodotto";
- message_on_occasion → messaggio nel giorno dell'occasione, ad esempio: "è disponibile l'ebook Press Advertising".

La funzione del conto alla rovescia va richiamata con questa riga, indicando il giorno, il mese e l'anno all'occasione:

setcountdown(anno,mese,giorno)

SEGRETO n. 5: nel sito HTML.it puoi trovare una completa applicazione già pronta per gestire il conto alla rovescia per il lancio di un nuovo prodotto.

Un'altra funzione molto utile che possiede Javascript ma non PHP è quella della creazione delle **finestre**. Puoi immaginare le finestre come un'ulteriore pagina web nella stessa pagina. A volte risultano molto utili quando intendi mostrare qualcosa a un utente, ma non vuoi fargli abbandonare la pagina corrente. Ad esempio, un'applicazione classica delle finestre potrebbe essere l'apparizione di uno spot pubblicitario. In Javascript la gestione delle finestre è estremamente semplice, si possono aprire utilizzando una singola funzione, la cui sintassi è la seguente:

```
window.open('pagina HTML','titolo finestra',’caratteristiche’);
```

Ad esempio, potresti aprire nel tuo sito una piccola finestra con una pagina HTML costituita semplicemente dal logo del sito della Bruno Editore , col link compreso del tuo codice di affiliazione:

```
<body onload="window.open('pubblicita.html','I migliori prodotti per la tua Crescita',"width=560,height=140');">
```

I parametri che ho indicato in questo caso sono il “width” cioè la larghezza ed “height” che indica l’altezza della finestra. Invece, la pagina “pubblicita.html” conterebbe semplicemente queste righe HTML:

<a href=” http://www.autostima.net/shopping/?pp=10808”>
<img src="www.autostima.net/img/top_logo.gif" width="560" height="140">
</a>

SEGRETO n. 6: sfrutta la corrispondente funzione Javascript per la creazione di finestre pubblicitarie.

Spesso capita l’esigenza dell’utente di stampare la pagina web in cui si trova, ad esempio, mettiamo voglia stampare tutta l’informativa della privacy.

In questo caso dovrai offrire al visitatore una soluzione più pratica rispetto a quella di andare nel menù “File”, scegliere “Imposta pagina” e poi “Stampa”. Dovresti ad esempio gestire la cosa con un semplice link “Stampa” che cliccato fa partire automaticamente la sua stampante. Javascript offre una soluzione semplicissima, alla **gestione della stampa**. Ci viene in aiuto con la funzione denominata “window.print”:

```
<a href="javascript:window.print()">Stampa</a>
```

Questa semplice riga mostra un link, che se cliccato, stamperà l’intera pagina. Spesso però capita l’esigenza di dover stampare solo una parte della pagina, ad esempio il testo, mentre la parte restante, tipo le immagini o gli altri elementi non occorrono. Per “filtrare” gli elementi da non stampare, occorre innanzitutto assegnare a quelli da escludere nella stampa un identificativo “id”, ad esempio:

```
<img src=”logo.gif” id=”logo”>
```

Successivamente, prima di lanciare il comando “window.print” che stampa l’intero documento, occorrerà nascondere gli elementi identificati, non interessati alla stampa:

```
logo.style.display = "None";
```

In pratica dovrai anteporre a “style.display” l’identificativo dell’elemento da nascondere. A questo punto si potrà procedere con la stampa e infine rimettere in visibilità gli elementi nascosti:

```
logo.style.display = "";
```

Visto che il link della stampa dovrà eseguire più di una istruzione, converrà racchiuderle tutte in un’unica funzione:

```
<script language="javascript">
<!--
function Stampa()
{
logo.style.display = "None";
window.print();
logo.style.display = “";
}
//-->
</script>
```

E dovrai impostare la sintassi del link nel seguente modo:

```
<a href="javascript:Stampa()">Stampa</a>
```

SEGRETO n. 7: per gestire la stampa, nascondi gli elementi non interessati, attiva la funzione “window.print” e riscopri gli elementi nascosti.

RIEPILOGO DEL GIORNO 7:

- SEGRETO n. 1: il Javascript è un linguaggio di scripting lato client che implementa ulteriori funzioni fondamentali.
- SEGRETO n. 2: le fondamenta della programmazione del Javascript sono analoghe a quelle del PHP, ma presenta in più la gestione degli eventi.
- SEGRETO n. 3: il Javascript è molto efficiente per la verifica dei dati inseriti nei form.
- SEGRETO n. 4: integra nel tuo sito un'applicazione Javascript che consente di aggiungere nei preferiti il tuo portale.
- SEGRETO n. 5: nel sito HTML.it puoi trovare una completa applicazione già pronta per gestire il conto alla rovescia per il lancio di un nuovo prodotto.
- SEGRETO n. 6: sfrutta la corrispondente funzione Javascript per la creazione di finestre pubblicitarie.
- SEGRETO n. 7: per gestire la stampa, nascondi gli elementi non interessati, attiva la funzione "window.print" e riscopri gli elementi nascosti.

CONCLUSIONE

Eccoci giunti al termine di questo straordinario percorso formativo professionale. Le informazioni che hai trovato in questa guida elettronica ti hanno illustrato le tecniche e i segreti della programmazione e dello sviluppo dei siti web dinamici e dei portali e-commerce, con gli strumenti più conosciuti e potenti al mondo: HTML, Javascript, PHP e MySQL.

Sicuro della tua attenzione riguardo ai concetti e alle tecniche indicate in questa guida, sento di dover essere il primo a dare il benvenuto a nuovo **programmatore ed esperto web developer**, in un periodo in cui i portali e-commerce risultano il business più proficuo ed emergente.

Ora devi passare all'azione. Rileggi l'intera guida per approfondire meglio i concetti, applica tutte le tecniche, i trucchi e i segreti illustrati in questo libro, senza escluderne nessuno e avvia subito la realizzazione del tuo portale e-commerce. Inizia dalle fondamenta del tuo sito, costruendo la parte grafica, magari aiutandoti con gli strumenti come Microsoft Front Page, ma ricordati di arricchirlo e personalizzarlo modificando il codice HTML delle pagine che lo compongono.

Poi passa alla tabelle, che dovranno essere gestite sia dal lato visitatore, sia dal lato amministratore, naturalmente con gli strumenti "top": PHP e MySQL. Le tabelle come già ti ho spiegato, sono il sistema numero uno per l'archiviazione dei dati, e in particolare nei portali e-commerce, quelle che ti ho illustrato, vale a dire "iscritti" e "vendite", sono praticamente quelle "universali".

Occupati inoltre delle comunicazioni tra gli utenti e l'amministratore del sito, realizzando una perfetta maschera dei contatti e arricchisci il sito con le applicazioni extra, tra cui i contatori, indispensabili ai fini statistici e di marketing, che ogni buon sito e-commerce dovrebbe avere.

In seguito potrai occuparti della gestione degli script per l'autenticazione della login e della password di tutti gli iscritti e creare il "meccanismo" dell'affiliazione, per moltiplicare le tue vendite col lavoro degli altri! Puoi inoltre servirti degli script in omaggio allegati a questo ebook che puoi tranquillamente personalizzare a tuo piacimento, per costruire semplicemente e in meno di un'ora un completo e potentissimo portale e-commerce, degno dei più grandi e diffusi siti di commercio elettronico presenti in rete.

Infine esegui scrupolosamente tutti i test relativi a tutti gli script, sfruttando gli strumenti di simulazione illustrati, adottando il duplice ruolo di "visitatore" e "amministratore" e finalmente potrai pubblicare con estrema soddisfazione il tuo grande portale e-commerce.

Buon Lavoro!

Vincenzo Iavazzo

Azione

1. Costruisci la grafica del sito e-commerce.
2. Personalizzalo modificando il codice HTML.
3. Gestisci le tabelle degli iscritti e delle vendite.
4. Realizza la maschera dei contatti.
5. Gestisci l'autenticazione e la pagina dell'amministratore.
6. Crea gli script per gestire l'affiliazione.
7. Aggiungi le applicazioni extra PHP e Javascript.
8. Esegui i test di tutti gli script.
9. Pubblica il tuo portale e-commerce.

www.ingramcontent.com/pod-product-compliance
Ingram Content Group UK Ltd.
Pitfield, Milton Keynes, MK11 3LW, UK
UKHW022022190726
13853UKWH00005B/2055